BEI GRIN MACHT SICH IHR WISSEN BEZAHLT

- Wir veröffentlichen Ihre Hausarbeit, Bachelor- und Masterarbeit

- Ihr eigenes eBook und Buch - weltweit in allen wichtigen Shops

- Verdienen Sie an jedem Verkauf

Jetzt bei www.GRIN.com hochladen und kostenlos publizieren

Deutsch als Fremdsprache unterrichten. Additive Zusatzqualifizierung für Lehrkräfte in Berufssprachkursen

Beate Pfeiffer

Bibliografische Information der Deutschen Nationalbibliothek:

Die Deutsche Nationalbibliothek verzeichnet diese Publikation in der Deutschen Nationalbibliografie; detaillierte bibliografische Daten sind im Internet über http://dnb.d-nb.de abrufbar.

ISBN: 9783346460684

Dieses Buch ist auch als E-Book erhältlich.

© GRIN Publishing GmbH
Nymphenburger Straße 86
80636 München

Alle Rechte vorbehalten

Druck und Bindung: Books on Demand GmbH, Norderstedt Germany
Gedruckt auf säurefreiem Papier aus verantwortungsvollen Quellen

Das vorliegende Werk wurde sorgfältig erarbeitet. Dennoch übernehmen Autoren und Verlag für die Richtigkeit von Angaben, Hinweisen, Links und Ratschlägen sowie eventuelle Druckfehler keine Haftung.

Das Buch bei GRIN: https://www.grin.com/document/1112197

PORTFOLIO

IM RAHMEN DER ADDITIVEN
ZUSATZQUALIFIZIERUNG FÜR LEHRKRÄFTE IN
BERUFSSPRACHKURSEN AM IIK-STANDORT JENA

Beate Pfeiffer
04.März 2021 bis 09. Mai 2021

Inhaltsverzeichnis

Einleitung **2**

    1.1   Erfahrungen und Kompetenzen, über die ich vor der Absolvierung der ZQ BSK verfügte 2
    1.2   Ziel meiner Teilnahme an der ZQ BSK 3
    1.3   In welchen Bereichen lagen bislang eigene Schwächen und Stärken? 3
    1.4   Nachweis bereits umfassender Erfahrungen und Kenntnisse 3
    1.5   Welche Module versprechen den größten Wissens- und Kompetenzzuwachs für mich? 3
    1.6   Empfehlungen zur Auffrischung und Vertiefung von bestimmten Fachkenntnissen 4
    1.7   Welche Schlüsse ziehe ich aus dem Ergebnis? 4
    1.8   Begründung zu meiner Beschäftigung mit dem Beruf: Pflegefachfrau/-mann 4

1. Grundlagen der Berufspädagogik **4**

2. Berufsbezogene linguistische Kompetenz **5**

    2.1   Schlussfolgerung der Ergebnisse meiner Textanalyse 5
    2.2   Textanalyse 6

3. Sprachenlernen und Schlüsselkompetenzen im Erwachsenenalter **7**

4. Didaktik und Methoden im berufsbezogenen Deutschunterricht **9**

    4.1   Dokumentation einer Unterrichtsplanung: Förderung der Schreibstrategien von KNT 9

5. Evaluieren, Prüfen, Testen **10**

    5.1   Wie kann ich diese Prüfungsaufgabe im Sinne von Constructive Alignment vorbereiten? 10
    5.2   Welche Rückwirkungen hat es auf den Unterricht? Wie oft wird diese Aufgabe geübt? 11

6. Digitale Kompetenz **12**

    6.1   Reflexion der Durchführung 12

7. Aufgaben, Rollen und professionelles Handeln der LK in BSK **13**

8. Interkulturalität und Integration in den Arbeitsmarkt **15**

Abschlussreflexion **18**

Quellenverzeichnis **21**

Anhang **22**

    Beispieltext: Grundlage der Textanalyse (2.2) und des Unterrichtsentwurfes (3.2) 22
    Unterrichtsentwurf als Lehrskizze 23
    Infografik: Die Aufgaben des Betriebsrats 27
    Infografik: Beteiligungsrechte des Betriebsrats 27
    Unterrichtsentwurf als Lehrskizze: Training von Schreibstrategien 28
    Selbsterstellte Prüfungsaufgabe: Deutsch-Test für den Beruf [Basiskurs B2] 33
    Lernziele für Basisberufssprachkurse 35
    Übungssequenz 35

Einleitung

1.1 Erfahrungen und Kompetenzen, über die ich vor der Absolvierung der ZQ BSK verfügte

Schon zu Schulzeiten habe ich gern die Sendung „Berufe im Bild" geschaut. Ich war damals sehr fasziniert von der Fülle der Berufsfelder, die ich aus meinem persönlichen Umfeld gar nicht kannte. Außerdem gab es die Möglichkeit, ins „Lager für Arbeit und Erholung" zu fahren (sogar ins Ausland), wo ich z. B. in einem Betrieb in Radom (Polen) Kenntnis über die Herstellungsweise von Camping-Gaskochern erlangte.

In dem Fach Produktive Arbeit (PA), später an der Erweiterten Oberschule (EOS ≙ Gymnasium) im Fach Wissenschaftlich-Praktische Arbeit (WPA), erhielt ich ebenfalls die Möglichkeit, praktische Erfahrungen in verschiedenen Berufsfeldern zu sammeln. Auch während meines Studiums der Germanistik und Soziologie an der Martin-Luther Universität Halle-Wittenberg, dass ich 1996 mit dem Grad der Magistra Artium (M.A.) abgeschlossen habe, machte ich Praktika in verschiedenen Bereichen (Rundfunk, Verlag, Post).

Diese praktischen Erfahrungen mündeten dann vorerst in einem Frauenprojekt, aus dem eine Manufaktur hervorgehen sollte. Auch hier bot sich mir die Möglichkeit in verschiedene Berufe (Floristik, Töpferei, Schneiderei) reinzuschnuppern und mitzuwirken. Als Projektmanagerin beim Landesmusikrat Sachsen-Anhalt organisierte ich ein Jugend-Big-Band-Treffen in Halle Saale, als Dozentin für Soziologie unterrichtete ich am Institut für Weiterbildung in der Kranken- und Altenpflege (IWK) und setzte meine bis dahin erworbenen Kenntnisse sowie Fähigkeiten als Mitarbeiterin ebenso beim Kinderschutzbund ein. Des Weiteren sammelte ich Erfahrungen als Saxofonistin in verschiedenen Orchestern und Bands.

Als Mutter von zwei Kindern änderte ich meine berufliche Ausrichtung: Beim lokalen Sender „Radio Corax" machte ich Hörgeschichten für Groß und Klein, fertigte redaktionelle Beiträge zu verschiedenen Themen an, organisierte und moderierte Sendungen. Mir oblag sowohl die redaktionelle Leitung der Sendungen Downtown-Jazz und Transgenerationenradio, die ich auch selbst moderierte, als auch die medienpädagogische Betreuung der Kinder-Sendung „Grünschnabel". Da ich durch die Arbeit im Radiosender ebenso die Arbeit einer Cutterin übernahm, vermittelte ich bei der Medienanstalt Sachsen-Anhalt (MSA) die Funktionsweisen des Schnittprogramms Samplitude interessierten Bürger*innen. Weiterhin arbeitete ich als Regieassistenzin für das Kindertheaterstück "Kunksmuhme" bei der Schaustelle e. V. Halle. 2014 folgte ein Radioprojekt mit Migrantinnen und Migranten der Gemeinschaftsschule „Kastanienallee" in Halle-Neustadt, bei dem ich von der Antragstellung bis zur Abrechnung alle Aufgaben (inklusive Durchführung) übernahm. In diesem Projekt waren Jugendliche die Zielgruppe - zusammen mit deren Eltern, wenn diese bereit waren, sich einzubringen. Von 2014 bis 2020 führte ich verschiedene Radioprojekte an mehreren Schulen durch. Ein weiteres Projekt, dass ich hier noch erwähnen möchte, ist ein Multimedia-Projekt an der Gemeinschaftsschule und Sekundarschule „August Hermann Francke" in Halle, dass ich gemeinsam mit einem Fotografen in Kooperation mit dem Landesschulamt Sachsen-Anhalt und der Halleschen Wohnungsgesellschaft mbH (HWG) durchführte. Hier erstellten wir mit einheimischen und fremdländischen Schülerinnen und Schülern Videos zu einigen Berufsfeldern, wie dem der Polizei, der Gefäßchirurgie, der Psychologie, des Maskenbildners im Theater, des Lehrers u. a. Als weiteres Resultat entstanden ein Radiobeitrag und auch ein Jahreskalender für das Jahr 2016, in dem 12 Berufsgruppen mit entsprechenden Interviewpartner*innen vorgestellt wurden. Ein weiteres Projekt, dass ich mit Kindern im Hort, aber auch mit Erwachsenen an der MSA durchführte, war das Erstellen von Erklärvideos mit freier Software. Nebenbei machte ich 2015 bis 2016 noch eine Ausbildung zur Vinyasa-Yoga-Lehrerin, bei der ich auch sehr viel über die Konzeption von Unterrichtseinheiten lernte.

2016 übernahm ich zusätzlich die Redaktion der Stadtteilzeitung Halle für die Innenstadt.

2017 wurden händeringend DaF/DaZ-Lehrkräfte gesucht. So begann ich in der Alpha Sprachschule Halle zu hospitieren und zu unterrichten. In diesem Jahr nahm ich auch an der ZQ für Lehrkräfte in Integrationskursen am IIK Berlin teil und absolvierte diese sehr erfolgreich. Es folgten Dozentinnentätigkeiten beim Bildungs- und Beratungsinstitut GmbH (BBI) und an den Euro-Schulen in Halle Saale. 2018 absolvierte ich die ZQ für Lehrkräfte in Alphabetisierungskursen am IIK Jena, es folgten 2019 die ZQ für Lehrkräfte: Lernschwierigkeiten im Unterricht mit Schwerpunkt Trauma und

2020 die ZQ für Lehrkräfte in Orientierungskursen. Anfangs wurde ich viel als Springerin in allen Niveaustufen eingesetzt. Später übernahm ich halbe Kurse. Seit zwei Jahren unterrichte ich meine Kurse allein.

Im Laufe der Jahre hat sich bei mir folgendes Arbeitsschema herausgebildet. Vor dem Kursbeginn informiere ich mich, welche Prüfung die Teilnehmenden des Kurses absolvieren müssen. Danach richte ich meinen Unterricht aus. Ich überlege mir, wie ich dieses Ziel erreichen kann und bereite mich Woche für Woche vor, wobei ich täglich meine Unterrichtsvorbereitungen an die Anforderungen bzw. den Leistungsstand meiner Lernenden neu ausrichte. Die Stunden bzw. Unterrichtstage beginne ich immer mit mündlichen „Erwärmungen", die, gefolgt von Wiederholungen und vom Vergleich der Hausaufgaben, in den Schwerpunkt des jeweiligen Tages münden. Der wiederum wird durch Auflockerungsübungen abgelöst und endet in der Betrachtung der kommenden Hausaufgaben sowie in einem abschließenden Spiel. Die größte Freude bereitet mir der Umgang mit verschiedenen Menschen, denen ich helfen kann, die deutsche Sprache zu erlernen.

1.2 Ziel meiner Teilnahme an der ZQ BSK

Ich hoffe, dass ich Erfahrungen im Online-Unterrichten mache und viel Input von meinen Kolleginnen und Kollegen bekomme, wie ich die Teilnehmenden nicht nur im Online-Unterricht, sondern auch im Präsenzunterricht motivieren kann. Auch hinsichtlich der Heterogenität der Gruppen möchte ich den Einsatz von Apps und anderen Tools erlernen. Speziell in Hinblick auf die Berufssprache und der ca. 325 Berufe, die es gibt, möchte ich erfahren, wie spezifisch ich mit dem Feld der Berufssprache umgehen kann/muss. Ich möchte Schwerpunkte erkennen, die für mich eine realistische Umsetzbarkeit der Grundlagen mit den hohen Anforderungen der verschiedenen Berufssprachen herauskristallisieren. Außerdem ist es mir wichtig, meine Fähigkeiten hinsichtlich der Problemlösungsorientiertheit auf diesem Gebiet zu erweitern und zu vertiefen.

Folgende Kompetenzen möchte ich durch meine Teilnahme an der ZQ BSK erweitern:

1. Meine linguistische Kompetenz / mein Sprachbewusstsein
2. Meine Medienkompetenz
3. Meine inter-/transkulturelle Kompetenz
4. Meine Didaktik/Methodik
5. Meine Unterrichts- und Kursplanung

1.3 In welchen Bereichen lagen bislang eigene Schwächen und Stärken?

Mit interkulturellen Konflikten umzugehen, stellt für mich eine besondere Herausforderung dar, weil sprachliche Barrieren für die Teilnehmenden (und auch für mich) echte Hindernisse sind, um Konflikte zufriedenstellend auszubalancieren. Für mich als Lehrkraft wäre es schön, in Konfliktsituationen von einer Metaebene auf das Geschehen blicken zu können. Meine Stärke liegt hier wiederum darin, dass ich mit meinen Kolleginnen bzw. Kollegen darüber spreche und diese bei Bedarf um Hilfe, Handlungsempfehlungen oder andere mögliche Unterstützung bitte.

1.4 Nachweis bereits umfassender Erfahrungen und Kenntnisse

Umfassende Kenntnisse kann ich meines Erachtens in der Förderung des selbstständigen Sprachenlernens und arbeitsmarktrelevanter Schlüsselkompetenzen im Erwachsenenalter und im Evaluieren, Prüfen, Testen nachweisen.

1.5 Welche Module versprechen den größten Wissens- und Kompetenzzuwachs für mich?

Den größten Wissenszuwachs verspreche ich mir von den Modulen: Didaktik und Methodik im berufsbezogenen Deutschunterricht, Digitale Kompetenz sowie Aufgaben, Rollen und professionelles Handeln der Lehrkräfte in Berufssprachkursen.

1.6 Empfehlungen zur Auffrischung und Vertiefung von bestimmten Fachkenntnissen

Die Ergebnisse der Auswertung des Fragenkataloges zur „Selbstreflexion der Lehrkompetenzen" empfehlen die Auffrischung und Vertiefung von Fachkenntnissen in den Themenblöcken 2 Meine Didaktik/Methodik, 4 Meine linguistische Kompetenz / mein Sprachbewusstsein und 6 Meine Medienkompetenz.

1.7 Welche Schlüsse ziehe ich aus dem Ergebnis?

Aus diesem Ergebnis ziehe ich den Schluss, dass ich mich richtig entschieden habe, an der ZQ BSK teilzunehmen, da sie mir helfen wird, diese Defizite zu regulieren bzw. zu eliminieren.

1.8 Begründung zu meiner Beschäftigung mit dem Beruf: Pflegefachfrau/-mann

Ich möchte mich in der ZQ BSK mit dem Beruf der Pflegefachkraft beschäftigen, weil es ein Arbeitsfeld mit extrem hoher Verantwortung ist, in dem es viele Bereiche und verschiedene Arbeitsfelder gibt. Seit dem 1. Januar 2020 wurden die Ausbildungsbereiche der drei Berufsgruppen (Gesundheits- und Krankenpfleger*in, Altenpfleger*in und Gesundheits- und Kinderkrankenpfleger*in) zu einer Pflegeausbildung aggregiert. Darüber hinaus gibt es Möglichkeiten der Fortbildung und Spezialisierung. Es ist ein Berufsfeld, in dem Menschen mit Menschen arbeiten, in dem Empathie und Teamarbeit eine große Rolle spielen. Hochqualifiziertes Pflegepersonal ist im Gesundheitswesen wichtig und ich möchte viel darüber wissen, um im Unterricht, neben des Trainings der deutschen Sprache, möglichst realitätsnah viel Wissen und relevante Fakten vermitteln zu können.

1. Grundlagen der Berufspädagogik

Im Modul 1 wurde die Aufgabe gestellt, ein Gruppengespräch mit einer Vertreterin vom Jobcenter der Stadt Jena vorzubereiten und dieses mit meinen Kolleginnen und Kollegen gemeinsam durchzuführen.

Das Gespräch fand am Freitag, den 5. März 2021 zwischen 11:45 Uhr und 13:15 Uhr mit der Fallmanagerin Evelin Mäusel von Jenarbeit, dem Jobcenter der Stadt Jena, das für die Gewährung von Arbeitslosengeld II an Personen, die im Stadtgebiet von Jena wohnen, zuständig ist, statt. Jenarbeit übernimmt als kommunales Jobcenter seit 2005 die Verantwortung für alle Leistungen nach dem SGB II in Eigenregie und wird als städtischer Eigenbetrieb geführt. Aufgrund der Covid-19-Pandemie und den damit einhergehenden Einschränkungen im öffentlichen und privaten Leben trafen wir uns mit Frau M. im Büro des IIK Jena e. V. online auf der Google-Meet-Plattform. Diese Praxiserprobungs- und Reflexionsphase wurde von Frau W., der stellvertretenden Standortleiterin, moderiert.

Meine Erwartungen an das Gespräch waren eher gering, da ich mich fragte, was ich hier erfahren sollte, was ich nicht auch im Internet auf den entsprechenden Webseiten nachlesen, hören oder sehen kann. Außerdem nahm ich an, dass wir im Vorfeld gemeinsam in der Gruppe spezifische Fragen formulieren würden, um das Ziel dieses Gespräches zu fokussieren.

Nachdem uns Frau W. Frau M. vorgestellt hatte, begann diese darüber zu referieren, dass 75 % ihrer Kunden Ausländerinnen und Ausländer und ihre Kunden - ein Begriff, der offiziell für Antragstellende im Jobcenter verwendet wird - die jungen arbeitsfähigen Menschen zwischen 15 und 25 sind. Es folgten Erläuterungen, wann und wie Hartz IV entstanden ist und welche Unterschiede zwischen Sozialamt, Jobcenter und der Agentur für Arbeit bestehen. Sie erklärte uns das Zuflussprinzip und die davon abgeleiteten finanziellen Zuwendungen. Interessant fand ich in diesem Zusammenhang die bestehenden Kooperationen mit dem *Berufsvorbereitungsjahr Sprachförderung* (BVJ-S), dem *Senior Experten Service* (SES) und mit *Fit für den Beruf mit SES-Ausbildungsbegleitern* (VerA), die junge Menschen unterstützen, einen Weg ins Berufsleben zu finden und zu gehen.

Im Laufe des Vortrages, der Diskussionsbeiträge und der Anmerkungen von Frau M. erschien mir die Arbeit, die dort geleistet wurde, sehr sinnvoll. Ein Gedanke, den Sokrates geäußert haben soll, kam mir in den Kopf und wäre meines Erachtens ein gutes Leitmotiv für die Karrierebibel des Jobcenters: „Wer glaubt, etwas zu sein, hat aufgehört, etwas zu werden."[1] Wie man weiß, sollte die Person, die finanzielle Unterstützung erhalten möchte, sich auch bemühen, die eigene Situation zu ändern.[2] Das bedeutet natürlich auch, sich nicht auf dem auszuruhen, was man erreicht hat, sondern weiter zu gehen und sich den Veränderungen zu stellen.[3]

Bei meinen Recherchen im Internet googelte ich auch: „Was Sie beim Jobcenter beachten müssen". Folgende Worte wurden offenbart: „Ein Termin beim Jobcenter ist für viele gleichbedeutend mit einem Besuch beim Zahnarzt. Und der Vergleich ist gar nicht so unpassend, denn auch im Jobcenter geht es zumeist milder zu, als vorher befürchtet. Insbesondere, wenn man ein paar Dinge berücksichtigt." (Mai, 2021)

Ängste spielen eine große Rolle! Ängste, die es zu erkennen und zu überwinden gilt. Frau M. kann sich und uns nicht erklären, warum so viele Menschen Angst davor haben, das Jobcenter um Hilfe zu bitten, denn es wird viel Hilfe angeboten, und sie und ihre Mitarbeiter sind immer freundlich, flexibel und stets bemüht, ihre Kundschaft zufrieden zu stellen. Überraschenderweise äußerte dazu aus unserer Runde niemand einen Gedanken. Ist es ein Tabuthema? Herrscht hier die unausgesprochene Einigkeit, dass darüber nicht geraunt, spekuliert oder sich klar und deutlich ausgedrückt wird?

Konsequenterweise leite ich für den BSK daraus ab, dass man sich bewegen muss, wenn es weiter gehen soll. Ein probates Mittel für die Verständigung, für das Verstehen und das Reden über bestimmte Sachverhalte, aber auch Gefühle oder Verhaltensweisen, ist die Sprache. In unserem speziellen Fall ist es die deutsche Sprache. In Deutschland ist sie die Umgangs- und auch Berufssprache. Also eine Sprache, die in einzelnen Fachgebieten, wie im Handel → „zweitwichtigste Handelssprache in Europa" (Sochorek, 2007), in der Diplomatie, in der Verwaltung und sogar in der Wissenschaft, Menschen verschiedener Sprachgemeinschaften den kommunikativen Austausch ermöglicht.

Nun komme ich noch einmal zurück zu der zitierten Zeile *„Wer glaubt, etwas zu sein, hat aufgehört, etwas zu werden."*, die mich nachdenklich gemacht hat. Einerseits trifft das zu, andererseits nicht ganz. Es geht um Stillstand und es geht darum, sich neue Ziele zu setzen. Man kann schon „etwas sein" und trotzdem noch „etwas werden". Aus meiner Sicht hat man in jedem Abschnitt seines Lebens schon Ziele erreicht (auch Migrant*innen, Flüchtlinge ...), dennoch kann man sich neue Ziele setzen und sich damit neuen Herausforderungen stellen. Wir lernen jeden Tag etwas dazu. Die Sprichwörter: „Sich regen, bringt Segen.", „Ohne Fleiß, keinen Preis." oder „Wer rastet, der rostet." bringen es ebenfalls zum Ausdruck und unsere KTN kennen bestimmt auch in ihrer Mutter- oder Ursprungssprache ein ähnliches Sprichwort, das uns allen zeigt, dass „es den Menschen wie den Leuten geht".

2. Berufsbezogene linguistische Kompetenz

2.1 Schlussfolgerung der Ergebnisse meiner Textanalyse

Im Modul 2 „Berufsbezogene linguistische Kompetenz" wählte ich aus dem Lehrwerk vom Hueber-Verlag: Im Beruf Neu, Deutsch als Fremd- und Zweitsprache B2+/C1, einen Text/Artikel über Mitbestimmungsrecht verstehen aus. Ausgehend von der derzeitigen Situation der Pandemie ist es in Hinblick auf den von mir gewählten Beruf „Pflegefachmann/-frau" besonders wichtig, die Mitbestimmungsmöglichkeiten und -rechte des eigenen Berufsfeldes zu kennen. Wiederholt wurde in

---

[1] (Zitate - Literaturzitate - Allgemein, 2021)
[2] Sinngemäßer Ausspruch von Frau M.
[3] Anmerkung der Autorin: Hier wird natürlich außer Betracht gelassen wird, wodurch und/oder durch wen diese Existenznöte ausgelöst worden sind, wie das System „Gesellschaft", „Deutschland" oder „Europa" strukturiert ist und wer die Fäden in der Hand hält.

den letzten Jahren bzw. Jahrzehnten öffentlich darauf hingewiesen, dass die Arbeitsbedingungen für Pflegekräfte verbessert werden müssen (BMAS, 2020). Bereits 2013 stellte Monika Kuhlen-Heck, Betriebsratsvorsitzende beim Gesundheits-Unternehmen Sozial-Holding in Mönchengladbach fest, dass besonders die Altenpflege „ein Knochenjob" ist, bei dem „Rückenleiden, psychischer Stress, psychomatische Beschwerden und Burn-out-Syndrome" infolge der Arbeitsbelastungen auftreten (Dr. Heimann, 2013). Vom Amtgericht Kiel wurde am 26.07.2017 ein Urteil gefällt, dass der Betriebsrat eine Mindestbesetzung fordern und sogar erzwingen kann, wenn die Unterbesetzung der Pflegekräfte gesundheitsschädlich für die Beschäftigen ist (Dr. Bender, 2017). Natürlich sollten Auszubildende auch erfahren, wo sie Unterstützung für ihre beruflichen Belange finden können. Z. B. können sie sich im Internet unter „Fachpflegewissen.de" informieren, wozu es einen Betriebsrat gibt und welche Pflichten und Rechte er sowohl gegenüber der Belegschaft wie auch dem Arbeitgeber hat (Cyberfussel, 2013). Somit ist der von mir ausgewählte Text für Lernende informativ und richtungsweisend für die Integration in Deutschland.

Zusammenfassung des Textes:

Funktion und Arbeitsweise des Betriebsrates

Im Text[4] wird erklärt, wessen Interessen der Betriebsrat vertritt, welche Mitbestimmungsrechte er hat und welche Entscheidungen der Arbeitgeber akzeptieren muss. Darüber hinaus wird darüber informiert, aus welchen Personen die sog. Einigungsstelle besteht, an die sich der Arbeitgeber wenden muss, wenn er verbindliche Entscheidungen zu bestimmten Maßnahmen trifft. In der Praxis wird die Einigungsstelle eher selten konsultiert, da Arbeitgeber und der Betriebsrat versuchen Kompromisse zu finden. Weiterhin folgt eine Auflistung der Bereiche der Mitbestimmungsrechte, die durch ein Beispiel veranschaulicht werden. Im letzten Teil des Textes wird darauf hingewiesen, welche Angelegenheiten er sich anhören muss und wo er ggf. auch beratend tätig werden kann, aber auch, dass z. B. bei einer Kündigung der Arbeitgeber das letzte Wort hat.

2.2 Textanalyse
- Register: Berufssprache
- Kommunikationsform: schriftlich, vermittelt, formell
- Textsorte: Information – GER-Stufe: B2+/C1
- Aufbau: Überschrift – Begriffserklärung und Erläuterung des Aufgabenfeldes – Benennen der Maßnahmen, die mitbestimmungspflichtig sind – Verdeutlichung am Beispiel – Grenzen der Mitbestimmung

Grammatische Struktur	Beispiel
Nominalisierung	das Einverständnis des Betriebsrates
	alle Folgendes betreffenden Maßnahmen
	Verhalten der Arbeitnehmer
	Verteilung der Arbeitszeit
	Überwachung der Arbeitnehmer
	Änderung von Arbeitsplätzen
	Personalauswahl bei Einstellungen
	Anordnung von Überstunden
	Einverständnis des Betriebsrates
formelle Abkürzung	u. a., z. B., ggf.

---

[4] Beispieltext im Anhang; S. 25, 2.3 Grundlage der Textanalyse (2.2) und des Unterrichtsentwurfes (3.2)

erweitertes Partizipialattribut mit Partizip I	Der Betriebsrat muss an allen *die Beschäftigten betreffenden Maßnahmen* beteiligt werden.
Relativsatz	Der Arbeitgeber muss sich dann an die Einigungsstelle wenden, *die eine* verbindliche *Entscheidung* für oder gegen die Maßnahme *trifft*. Außerdem gibt es einen unparteiischen Vorsitzenden, *auf den sich beide Seiten einigen müssen*. Der Betriebsrat muss an allen Maßnahmen beteiligt werden, *die die Beschäftigung betreffen*.
Passiv	wird ... angerufen darf ... umgesetzt werden gemacht werden
Konjunktiv II	müsste sich wenden
komplexe Komposita (Fugen-s)	Mitbestimmung**s**rechte, Einigungsstelle, Arbeitgeber- und Betriebsrat**s**seite, Zeiterfassung**s**system, Arbeit**s**- und Gesundheit**s**schutz, Betrieb**s**kindergarten, Leitungsprämien
Verben/Adjektive mit fester Präposition	entscheidet <u>neben</u>, setzt sich zusammen <u>aus</u>, bestehen <u>auf</u>
Funktionsverbgefüge	Kompromisse finden, Interesse vertreten
Ausklammerung: Zusätze, Nachtrag, Erklärungen	d. h. er entscheidet gleichberechtigt
Adverbien	allerdings, zwar, jedoch
attributiver Genitiv, "Genitivkonstruktion"	Interesse der Beschäftigten eines Unternehmens Einverständnis des Betriebsrates Verhalten der Arbeitnehmer Beginn und Ende der Arbeitszeit Überwachung der Arbeitnehmer
Konditionalsatz mit Verb an erster Position	... eingegangen sind, <u>muss</u> der ... zustimmen

3. Sprachenlernen und Schlüsselkompetenzen im Erwachsenenalter

Im Modul 3, in dem es um die Förderung des selbstständigen Sprachenlernens und arbeitsmarktrelevanter Schlüsselkompetenzen im Erwachsenenalter geht, habe ich anhand des verwendeten Textes aus Modul 2 eine Unterrichtssequenz zur Vermittlung von Lernstrategien entwickelt. Da ich z. Z. in keinem BSK C1 unterrichte, schreibe ich zu der von mir erarbeiteten Lehrskizze einen didaktisch-methodischen Kommentar. Dabei betrachte ich die Auswahl meiner Lernstrategien und die damit einhergehenden Möglichkeiten zur Binnendifferenzierung.

Im Vorfeld dieser Unterrichtseinheit wiederhole und übe ich mit meinen Lernenden unter Zuhilfenahme von selbst erstellen Apps komplexe Komposita und Nomenverbgefüge. Ausgehend von verbalen Äußerungen im Plenum bzw. Unterrichtsgespräch zu den Fragen: „Wissen Sie, was ein Betriebsrat ist? Gibt es in Ihrer Heimat auch Betriebsräte o. Ä.?" erwecke ich das Interesse bei den KTN, da Sie persönlich zu diesem Thema angesprochen werden. In Anbetracht der Tatsache, dass der Unterricht online stattfindet, schreibe ich auf einem Docs-Whitebord im Modus „Präsentieren" für alle die Fragen auf. Das ist besonders für die wichtig, deren Kompetenzen noch geringfügig sind, da sie hier auch das Schriftbild sehen. Ebenfalls kann ich für alle sichtbar Notizen über verbale Beiträge machen. Das ist eine Möglichkeit zu binnendifferenzieren, da hier Gehörtes verschriftlicht wird und mehrere Sinne angesprochen werden, wodurch ich wiederum mehr Lerntypen erreiche.

Im nächsten Schritt teile ich Gruppen ein. Hier kann ich steuern, wer mit wem zusammenarbeitet. D. h. ich kann gezielt auch binnendifferenzierend wirksam werden, indem ich die, die mehr Hilfe und Unterstützung benötigen, jeweils mit einer Person einteile, die kompetenter ist. So ist es möglich, dass in der Gruppenarbeit, die KTN voneinander lernen können. Eine weitere Variante ist, dass ich Lernende, die mehr Untersstützung benötigen, in eine Gruppe einteile, um diese im Breakoutroom zu lenken, mit welchen Arbeitsschritten sie der Lösung der gestellten Aufgabe näher kommen. Im konkreten Fall stelle ich jeweils eine Infografiken (Infografik: Die Aufgaben des Betriebsrats | Infografik: Beteiligungsrechte des Betriebsrats)[5] (W.A.F., 2021) zur Verfügung, mit deren Hilfe ein Teil des benötigten Vokabulars im Text, der zum Schluss gelesen und verstanden werden soll, erarbeitet und reflektiert werden kann. Die Infografiken habe ich im Classroom hochgeladen, so dass alle KTN jeder Zeit Zugriff darauf haben. Ich erläutere, worum es auf diesen Infografiken geht. KTN markieren unbekannte Wörter, recherchieren ihre Bedeutung und sammeln Fragen. Im Plenum werden Fragen zu den Infografiken gestellt und beantwortet. Die Ergebnisse werden durch das „Präsentieren" schriftlich sichtbar gemacht.

Mit Hilfe der erarbeiteten Informationen fertigen wir im Plenum eine Mind-Map zum Begriff „Betriebsrat" an. Hier sammeln wir Assoziationen, die wir zuvor gemeinsam erarbeitet haben, sowie andere/zusätzliche, die den KTN noch einfallen. Diese Gedankenlandkarte skizziere und schreibe ich für alle sichtbar im Präsentationsmodus ans Whiteboard. Zur Binnendifferenzierung ist es möglich, dass KTN mit Verständnisproblemen Fragen an alle stellen und andere in deren Erstsprache oder einer anderen gemeinsamen Sprache erklärend wirksam werden. Außerdem wird mit dieser gemeinsamen Sammlung von Assoziationen, Wörtern/Wortgruppen und Elementen, die Fähigkeit des Gehirns zur Kategorienbildung genutzt und ist somit hilfreich für unsere Erschließung des Themengebietes im gemeinsamen Lernprozess.

Durch die vorangegangenen Arbeitsmethoden kann ich metakognitive Ziele anregen, wie z. B. dass KTN durch die Bewustmachung der Arbeitsschritte das eigene Lernen beobachten und reflektieren. Kognitive Ziele, wie das Memorisieren durch Visualisieren der gesprochenen Sprache durch Schrift oder Skizzen, die Sprachverarbeitung durch das Markieren und Analysieren von Wörter und Ausdrücken oder auch Kenntnisse in die Muttersprache übertragen, verfolge ich außerdem.[6]

Im weiteren Verlauf des Unterrichts werden auch der rezeptive und produktiver Sprachgebrauch geübt, wobei ich an dieser Stelle bemerken möchte, dass die verschiedenen Lernstrategien auch in gemischten Formen auftreten. In meinem Kurs bilden die KTN jedenfalls erst einmal Hypothesen, um sie später auf ihre Richtigkeit zu überprüfen. Die Hypothesen werden anhand von Fragen, die ich vorgebe, aufgestellt. Hier arbeiten die TN zu zweit. Das ermöglicht ihnen eine hohe Konzentration und

---

[5] Im Anhang; S. 31, 3.3 Infografik: Die Aufgaben ... und 3.4 Infografik: Beteiligungrechte ...
[6] Bezugnehmend auf: Bimmel, Peter (2012): Lernstrategien. Bausteine der Lernerautonomie. In: Fremdsprache Deutsch. 46/2012

zwingt sie mitzudenken. Ich schalte mich nacheinander bei jedem Paar zu und beobachte ihre Arbeit. Gute KTN kann ich allein arbeiten lassen. Andere kann ich durch verbale Hilfestellungen unterstützen, um die Ideenfindung anzuregen. Binnendifferenzierend kann ich auch KTNn helfen, eine Hypothese zu formulieren, indem ich auf die Infografiken verweise und an Überlegungen der vorangegangenen Übungen anknüpfe. Spätestens im Plenum werden alle Fragen und die dazu aufgestellten Hypothesen für alle im Präsentation-Modus sichtbar gemacht.

Erst jetzt teile ich Textabschnitte[7] des später zu lesenden Textes aus. Den Ursprungstext habe ich in vier Abschnitte geteilt und separiert. Hier bietet sich wiederum eine günstige Gelegenheit zur Binnendifferenzierung an: Abschnitt eins habe ich zusätzlich in zwei Teile zerlegt. So kann ich leistungsschwächere KTNn ermöglichen, ihren „kürzeren" Text in der gleichen Zeit wie die anderen erfolgreich zu bearbeiten. Dadurch haben sie einen Lernerfolg und ihr Selbstvertrauen wird gestärkt.

In dieser Unterrichtsphase werden sowohl Lernhandlungen zum Memorisieren und zur Sprachverarbeitung trainiert als auch rezeptive und produktive Lernhandlungen zum Sprachgebrauch. In Zweigruppen werden je nach Lernstand die kürzeren oder längeren Textabschnitte verteilt. Jedes Paar erhält den Auftrag, unbekannte Wörter zu markieren und zu recherchieren, was sie bedeuten. Dann sollen sie in einfachen Worten bzw. mit eigenen Worten wiedergeben, was im Textabschnitt steht. Anschließend sollen sie in einer anderen Farbe die Wörter markieren, die Antworten auf ihre Hypothesen enthalten und eine Zwischenüberschrift für ihren Abschnitt finden. Im Plenum stellen die Gruppen sich gegenseitig ihren Abschnitt und ihre Ausarbeitungen vor.

Nachdem die Präsentation vollständig durchgeführt wurde, schlagen die KTN die Seite 105 im Buch auf und lesen den gesamten Text. Hier bietet es sich an, den Text von einem oder mehreren KTNn laut lesen zu lassen, um das Vorlesen und die Aussprache zu trainieren.

In der anschließenden Stunde könnte gemeinsam darüber reflektiert werden, wie diese Lernmethoden von jedem Lernenden im eigenen Umfeld umgesetzt werden können. Zur Verständniskontrolle und -überprüfung des Textes sind die Aussagen der folgenden Aufgabe B1|c im Lehrbuch geeignet. Die KTN sollen deren Richtigkeit einschätzen können. Bei Fehleinschätzungen können im Text Wörter und Wortgruppen markiert werden, die die richtigen Aussagen unterstützen. Mit dieser Übung wird das erarbeitete Wissen meiner Unterrichtssequenz vertieft und gefestigt.

4. Didaktik und Methoden im berufsbezogenen Deutschunterricht

4.1 Dokumentation einer Unterrichtsplanung: Förderung der Schreibstrategien von KNT

Am 27.04.2021 führte ich meine erarbeitete Unterrichtssequenz online am IIK Erfurt im Basisberufssprachkurs B2 bei einer Kollegin durch. Diese international gemischte Gruppe bestand aus 15 Personen (12 Männer / 3 Frauen) aus der Türkei, Kasachstan, Russland, dem Iran, Afghanistan, Ukraine, Armenien, Tadschikistan und Brasilien.

Während der Vorbereitung meiner Unterrichtssequenz[8] musste ich mir überlegen, wie ich die Teilnehmenden motivieren könnte, damit sie aktiv am Unterricht teilnehmen. Da es mein erster Online-Unterricht war, erstellte ich eine Reihe von Apps, mit denen ich den Lernenden den Weg ebnen wollte, einen eigenen Beschwerdebrief zu schreiben. Meinen Unterrichtsablauf organisierte ich in einer Powerpoint Präsentation, um damit die Arbeitsschritte und theoretischen Grundlagen für die KTN sichtbar zu machen.[9] Somit realisierte ich für die KTN, „eine vorangehende Einführungs- oder

---

[7] Textquelle: Im Beruf Neu. Deutsch als Fremd- und Zweitsprache B2+/C1. Hueber, 2019, S. 105
[8] Im Anhang; S. 32, 4.2 Unterrichtsentwurf als Lehrskizze: Training von Schreibstrategien
[9] Im Anhang; S. 38/39, 4.3 Powerpoint Präsentation für den Online-Unterricht

Hinführungsphase, die das Lernziel verfolgt," und war in der Lage „[...] zum Thema hinzuführen, ihr Vorwissen zu aktivieren und ihnen die Schlüsselwörter zu vermitteln". (Koeppel, 2016). Ich stieg also in die Lektion 7 ihres Lehrbuches[10] ein und fertigte zu dem vorhandenen Lehrmaterial weitere Übungen an. In den ersten Anwendungen bezog ich mich auf den Beschwerdebrief S. 112/2, den die KTN bereits kannten. Dieser Beschwerdebrief wurde mit Hilfe von Präpositionen mit Genitiv und Redemitteln gestaltet, die der Wortschatzerweiterung und –festigung dienten. So wiederholten wir zuerst die Präpositionen und deren Verwendungsmöglichkeiten. Ich teilte im Präsentationsmodus den QR-Code für die Teilnehmenden, die zusätzlich mit einem Smartphone arbeiten wollten oder konnten, und im Chat additional den Link für die App. So konnten alle diese Übung durchführen. Da wir uns alle in einer Videokonferenz befanden, konnten die KTN zwischendurch auch Fragen zu den Präpositionen stellen. Unter anderem wurde gefragt, wo die Präposition „innerhalb" eingeordnet werden sollte, da sie lokal und temporal gebraucht werden könne. Für diesen Fall hatte ich diese Präposition zweimal in der App angeboten, was ich dem Fragenden auch mitteilte. Eine andere Frage bezog sich auf den unterschiedlichen Kasus: „Trotz der Engpässe ..." (Genitiv) vs. „Trotz Engässen ..." (Dativ), die im Plenum geklärt werden konnte.

Mein Konzept funktionierte sehr gut. Die Lernenden konnte alle folgen, so dass es mir fast schon etwas zu leicht erschien. Unterstützung bekamen die KTN besonders in der Gruppenarbeit und bei der Korrektur der Briefe. Hier konnte ich individuell auf Fragen eingehen und Vorschläge machen.

Alle arbeiteten sehr konzentriert und zügig. Verbesserungsvorschläge, die gemacht wurden, bezogen sich eher auf Formulierungen: „Könnte ich es auch so ... schreiben?" Insgesamt ist die Übungseinheit sehr gut angekommen. Die Resultate befinden sich im Anhang.[11]

Obwohl die KTN alle sehr aktiv waren, würde ich diese Übungseinheit das nächste Mal etwas anders gestalten. Ich würde den ersten Brief, den ich benutzt habe, um Übungen mit LearningApps zu erstellen, vorher von den KTN analysieren lassen (Präpositionen und Redemittel markieren, Struktur beschreiben, gemeinsam ein Muster erarbeiten), da ich glaube, dass ich die Übungssequenz viel zu kleinschrittig gestaltet und so den Lernenden sehr viel eigene Denkarbeit abgenommen habe.

5. Evaluieren, Prüfen, Testen

5.1   Wie kann ich diese Prüfungsaufgabe im Sinne von Constructive Alignment vorbereiten?

Die Durchführung dieser Aufgabe[12] dient dem Ziel der Lernstandserhebung, in dem es darum geht, die Hauptinhalte komplexer Texte zu konkreten und abstrakten Themen sowie auch Fachdiskussionen im eigenen Spezialgebiet zu verstehen. Im Handlungsfeld **Arbeitsalltag** können die Teilnehmenden am Ende des Basisberufssprachkurses B2 Außenkontakte betreuen, Anfragen entgegennehmen und beantworten. In der Teilaufgabe 1 müssen zwei Multiple-Choice-Aufgaben beantwortet werden. Im Vordergrund steht hier das globale/orientierende/kursorische Lesen (skimming) und das suchende/selektive Lesen (scanning), d. h. es müssen gewünschte Informationen (Wörter, Daten, Fakten) herausgesucht werden.[13]

Die Lesestrategie ist, Fragen zum Text zu beantworten. In der vorbereitenden Phase zum globalen Verstehen können unbekannte Wörter und Abkürzungen farbig markiert werden, um die Bedeutung zu recherchieren, evtl. können auch Synonyme gesucht werden. In kleinen Gruppen können die Lernenden zum Üben auch eigene Fragen zum Text stellen und ebenfalls die Antworten im Text finden (und markieren). Außerdem können sie den Text strukturieren, also in einzelne Abschnitte gliedern, und passende Oberbegriffe bzw. Zwischenüberschriften finden. Den Text in einer anderen

---

[10] Im Anhang; S. 40, 4.4 Konflikte und Lösungen: Lehrbuchseiten 112 + 113
[11] Im Anhang; S. 41/42, 4.5 Ergebnisse der Teilnehmenden
[12] Im Anhang; S. 43/44, 5.3 Selbsterstellte Prüfungsaufgabe: Deutsch-Test für den Beruf [Basiskurs B2]
[13] http://www.sprachsensiblerfachunterricht.de/lesen

Darstellungsform wiederzugeben, kann ebenfalls zum zentralen Textverstehen beitragen. Vorstellbar wäre hier, ein Bild passend zur Situation zu malen/zeichnen und Schlüsselwörter mit Bildinhalten zu verbinden. In dem Fall wird der Text in einer anderen Form wiedergegeben, die mehr oder weniger präzise, aber dem Wissenzuwachs, dem Textverstehen dienlich ist.

Ein Lernprodukt, dass sich aus der Teilaufgabe 1 ergibt, ist z. B. eine Stellungnahme bzw eine Erklärung.[14] Die Teilaufgabe 2 ist eine Aufgabe zum Schreiben mit dem Ziel: *Auf Beschwerden reagieren* mit dem Aufgabentyp: *Eine Klärung ermöglichen.*

5.2 Welche Rückwirkungen hat es auf den Unterricht? Wie oft wird diese Aufgabe geübt?

Um die Prüfungsaufgabe 21 zu bewältigen, ist es wichtig, die Situation zu erfassen, in der der KTN eine bestimmte Rolle spielt. Zur Vorbereitung kann mit Hilfe der Erstellung eines Szenarios für alle KTN die Situation „sichtbar" gemacht werden. Dieses Szenario muss vom KL in drei Schritten vorbereitet werden. Schritt 1: Forumseintrag mit dazugehörigen Rollenkarten, Schritt 2: Kommunikation zwischen Forumsleitung und Teamleiterin mit entsprechenden Rollenkarten und Schritt 3: Kommunikation zwischen Teamleiterin und Pflegefachkraft, auch mit passenden Rollenkarten. Die KTN spielen das Szenario und drücken die Sprachhandlungen mit entsprechenden Redemitteln mündliche aus.

Eine andere Variante zur Aktivierung ist die Durchführung eines Gedanken- und Fokussprints. Dabei werden fünf Minuten lang alle Gedanken zum Thema so schnell wie möglich ohne Pause und ohne Korrekturen aufgeschrieben. Machbar ist auch folgende Cluster-Variation: Alle Assoziationen zum Thema werden auf kleine Zettel geschrieben, die dann in Ober- und Unterkategorien geordnet werden.

Die Lernenden sollen auch in Gruppen oder Paaren arbeiten. Um eine angemessene Antwort zu schreiben, ist es notwendig sich erst eine Mind-Map zu erstellen und Notizen zu machen. Danach sollten sie die gesammelten Informationen sortieren: Was gehört zur Einleitung, was zum Hauptteil, was zum Schluss. Wie wird der Hauptteil strukturiert. Auch sollten ihnen die angemessene Anrede und der angemessene Gruß am Ende des Schreibens bekannt sein.

Wenn die Notizen sortiert sind, können dazu passende Präpositionen, Konnektoren und Redemittel gesammelt und notiert werden. Zur Binnendifferenzierung wäre für KTN, die noch Probleme mit der Formulierung ganzer Sätze haben, denkbar, dass sie nun Stichpunkte in der richtigen Reihenfolge aufschreiben, um dann im letzten Schritt, den Brief auszuformulieren. Mit diesen Vorbereitungen sollten sie in der Lage sein, ein angemessenes Antwortschreiben zu erzeugen.

Besonders für das Sprachniveau B2 nimmt der Wortschatzerwerb einen zentralen Stellenwert ein. Er ist untrennbar mit der Sprachanwendung verbunden. In der Prüfungsvorbereitung ist für diese Aufgabe mehr Zeit einzuplanen, da sich die KTN noch im Lernprozess befinden und es vor allem darum geht, den Wortschatz zu erweitern und die Schreibkompetenz (zu der auch die Gliederung einer E-Mail oder eines Briefes gehört) zu wiederholen, zu üben und zu festigen. Diese Form des Schreibens sollte aus meiner Sicht jede Woche einmal geübt werden. Im Sinne des Constructive Alignment werden drei Elemente zusammengefasst: die Lernziele, die Lernmethoden und die Prüfungsform. Die Lernziele werden im Lernzielkatalog unter Punkt 57[15] formuliert. Die Lernmethoden, die hier angewendet werden, sind auf der kognitiven Ebene angesiedelt und betreffen konkret den rezeptiven und produktiven Sprachgebrauch. Der rezeptive Sprachgebrauch (Lesen, Hören)[16] umfasst das Vorhersagen von Textinhalten / das Bilden und Überprüfen von Hypothesen, das Erraten von Bedeutungen aufgrund sprachlicher Hinweise und das Ableiten von Bedeutungen aus dem Kontext. Der produktive Sprachgebrauch (Sprechen, Schreiben) beinhaltet das Vorbereiten von Gesprächen oder Schreibprodukten, indem man sich Notizen macht und die Verwendung von festen, formelhaften

---

[14] Ebd. ↑
[15] Im Anhang; S. 45, 5.4 Lernziele für Basisberufssprachkurse
[16] Fremdsprache Deutsch 46/2012 – Lernstrategien. Tabelle 1: Klassifizierung strategischer Lernhandlungen

Wendungen sowie von Textmusterwissen. Hinsichtlich der Anforderungen des Constructive Alignment werden in dieser Übung alle drei Elemente berücksichtigt.

6. Digitale Kompetenz

6.1 Reflexion der Durchführung

Für den Basiskurs B2/C1 habe ich eine zehnminütige Unterrichtssequenz zu dem berufsspezifischen Thema „Unternehmensgründung" geplant. Der Fokus lag hier auf Nomen-Verb-Verbindungen und die Möglichkeit, dreizehn feststehende Wendungen mit unterschiedlichen Online-Tools zu üben. Ich verwendete drei Varianten von LearningApps, die vorgegebenen Nomen-Verb-Verbindungen zu lernen und anzuwenden. Die 13 Nomen-Verb-Verbindungen wurden von mir festgelegt und für alle drei Varianten, in unterschiedlichen „Spielen" verwendet, um das stupide Auswendiglernen zu umgehen und einen Weg zu ebnen, diese wie Vokabeln zu lernenden Wortgruppen im Gedächtnis zu speichern.[17]

Bei einer Multiple-Choice-Aufgabe (ein Nomen und drei Verben) sollte das richtige Verb ausgewählt werden. Anschließend musste das passende Verb (aus dem Gedächtnis) zum Nomen in leere Lücken geschrieben werden. Danach konnten mit Hilfe von Memory (eine gute Möglichkeit, die Konzentrations- und Merkfähigkeit zu schulen) die passenden Nomen und Verben aufgedeckt werden.

Die Übungen eins und zwei sind bei meinen „Test-Teilnehmenden" sehr gut angekommen. Die Idee, die Nomen-Verb-Verbindungen mit Hilfe von LearningApps spielerisch „einzupauken", fanden alle gut. Das Versenden des Links über den Gruppenchat war einfach. Die App konnte im eigenen Browser geöffnet werden. Die Reihenfolge der Nomen-Verb-Verbindungen wurde von mir nach Zufallsprinzip eingestellt, so dass die Wortgruppen nicht immer in derselben Abfolge erscheinen. Die Übenden können das Spiel so oft wiederholen, wie sie möchten. Die richtigen Ergebnisse werden grün angezeigt.

Die dritte Variante erschien meinen „Testern" zu schwer und zeitraubend. Es wurde geäußert, dass die Lernenden damit überfordert wären, sich nun auch noch die Lage der Karten zu merken, die sie aufgedeckt hätten, und die bei Ungleichheit wieder verdeckt werden. (Memory: Zwei Karten dürfen aufgedeckt werden. Passen sie zusammen, bleiben sie aufgedeckt liegen; passen sie nicht zusammen, werden sie wieder umgedreht.) Dies würde einfach zuviel Zeit kosten. Es wurde mir der Vorschlag unterbreitet, eine andere Variante zu wählen, z. B. die Möglichkeit Paare zu bilden, die digital zusammengeklebt werden können, da man hier die richtigen Paare besser sehen könne. Diesen Vorschlag beherzige ich, allerdings will ich dieses „Paare bilden" gleich nach der Multiple-Choice-Aufgabe anwenden und danach die dritte Variante: das passende Verb in die Lücke schreiben. Diese Reihenfolge erscheint mir logischer in der Abfolge des Schwierigkeitsgrades.

Von unserem arabisch-stämmigen Kollegen wurde mir gesagt, dass er meine Memory-Variante gut fände, dass es aber zu viele Nomen-Verb-Verbindungen seien. Er sagte, einige weniger und es würde auch mit meiner dritten Variante gut funktionieren. In diesem Falle würde ich die Nomen-Verb-Verbindungen auf 9 feststehende Wortgruppen reduzieren.

Nach dieser zehnminütigen Übungssequenz würde ich als Folgesequenz eine Übung anschließen, in der diese neun Nomen-Verb-Verbindungen in einem Lückentest richtig eingesetzt werden. Auch hier würde ich das Multiple-Choice-Verfahren als erste Steigerung im Anwendungsmodus wählen.

Die Vielfalt der interaktiven Apps bringt Abwechslung in die Übungsphasen. Als sehr vorteilhaft stufe ich bei vielen interaktiven Arbeitsmöglichkeiten der Apps die praktische Möglichkeit zur Selbstkontrolle ein. Es gefällt mir, dass die KTN digitale Kompetenz erwerben und durch die Apps die

---

[17] Im Anhang; S. 45, 6.2 Übungssequenz

Möglichkeit haben, nach dem Unterricht weiter zu üben (wenn sie sich die Links speichern). Das Erstellen von Mind-Maps geht sehr schnell. Google-Docs ermöglicht wunderbar, die „Schreibkompetenz" (das Tippen) zu trainieren, z. B. beim Briefe schreiben. KTN und KL können parallel an einer Docs arbeiten und dadurch kann der KL direkt parallel beim Schreibprozess helfen. Es wird weniger Papier verschwendet und die Binnendifferenzierung ist fulminant. Das Arbeitstempo kann individuell angepasst werden.

Nachteilig ist, dass man sich mit den Tools schnell verzetteln und in der Vielzahl geöffneter Tabs (und Browser) „verirren" kann. Deshalb sollte man hier beachten, dass oft weniger mehr ist. Bei manchen Tools ist die Aufgabenstellung nicht sichtbar und dadurch für die KTN ist nicht nachvollziehbar, was sie machen sollen. Durch die Klärung vieler technischer Fragen wird leider wertvolle Übungszeit dezimiert, somit ist am Anfang der Zeitverlust enorm. Natürlich entsteht auch Verwirrung dadurch, dass gleichermaßen für die Kursleitenden die interaktiven Anwendungen neu sind und erst in der Anwendung mit den Teilnehmenden Pannen entstehen, die vorher nicht absehbar waren.

Im Vergleich zum Präsenzunterricht ist es schwierig, alles zu kontrollieren, was die KTN machen. Bei einigen Tools, wie z. B. Mentimeter muss man sich bewusst machen, dass hier eine Großschreibung z. Z. nicht möglich und deshalb für Namen völlig ungeeignet ist.

Wichtig ist zu prüfen, inwieweit das gewählte App-Format wirklich für die Lernenden / das Niveau passt bzw. geeignet ist. Vielleicht ist ein anderes Format besser (zwecks Übersicht, Aufgabenanzahl etc.)? Leider kann kaum das Training der handschriftlichen Schreibkompetenz sowie der Lesekompetenz umgesetzt werden. Auch Diskussionen lassen sich besser im Präsenzunterricht realisieren.

7. Aufgaben, Rollen und professionelles Handeln der LK in BSK

Für die Analyse einer Unterrichtseinheit beobachtete ich am 6.5.2021 per Video-Aufzeichnung einen BSK B2 am IIK Jena. Ich protokollierte und kommentierte den Block 3 dieser Unterrichtseinheit.

Thema der Unterrichtseinheit: Einen Betriebsausflug planen

Phasen	Aktivitäten: Lehrende | Lernende	KOMMENTAR
Erarbeitung und Präsentation (Gruppenarbeit)	LK weist wiederholt auf die Aufgabe hin, die an der Tafel steht. Eine Teilnehmerin stellt eine Frage. KL erklärt und fragt auch den „Gast" (Kamerafrau): Betriebsausflug vs. Tagung mit Übernachtung (gruppenbildende Maßnahmen) – auch hier sprechen mehrere KTN und tauschen sich über ihre Erfahrungen in Deutschland und ihren Heimatländern aus. Wiederholung der Aufgabe: Schilderung der vier Schritte und des Ablaufes der Prüfung (Aufgabe zusammenfassen; Vorschläge machen; Ideen formulieren, Ablehnung →	LK hat den Übergang von Block 2 zu Block 3 sehr gut gestaltet. LK hat die Sequenz sehr gut durchdacht und aufgebaut. LK geht immer wieder auf die KTN ein und stellt wiederum einen Bezug zur eigenen Realität her. LK gibt nochmals Feedback, fasst immer wieder zusammen, was bisher gemacht wurde, stellt abermals den Bezug auf die Aufgabe her, die an der Tafel steht. LK ist verbindlich im Ton und spricht die KTN mit ihrem Namen an, motiviert durch persönliche Beispiele, gestaltet den Unterricht humorvoll und vermittelt Freude

Transfer (Lernanwendung) und Selbsteinschätzung		immer konstruktiv; Ergebnis zusammenfassen)	an der Aufgabe. Damit erfüllt die LK die emotional-soziale Funktion.
		LK gibt Tipps und Erklärungen, wozu die Zusammenfassung gut ist; dass hier mit anderen Worten gesagt wird, worum es geht.	LK ist geduldig, führt souverän und freundlich durch die Stunde. Durch Gestik und Mimik signalisiert die LK Interesse, so dass die KTN sich ernstgenommen fühlen.
		LK stellt sicher (Verständnissicherung), dass die Aufgabe wirklich verstanden wurde.	LK verwendet die Sprache korrekt und stellt immer wieder den Bezug zur Realität her. LK setzt authentisches Material ein, strahlt Vertrauen aus und sorgt mit einer offenen Körperhaltung für eine gute Interaktion.
		LK liest noch einmal die vorgeschlagenen Redemittel vor (Konjunktiv „wäre, könnte …"), gibt Beispiele, wie die Formulierung lauten könnte, welche Fragen an dieser Stelle (Fahrradausflug) noch diskutiert werden könnten (Kann jeder Fahrrad fahren?" „Hat jeder ein Fahrrad?" …)	LK sorgt mit Optimismus für Eustress, der sehr gut zum Lernen ist. LK übt keinen Disstress aus, d. h. er setzt die KTN nicht unter Zeitdruck, entmutigt sie nicht und überflutet sie auch nicht mit zu vielen Reizen.
		LK weist freundlich darauf hin, dass alle KTN Listen mit den Redemitteln haben und diese jetzt auch benutzen dürften, da sie ja noch nicht in der Prüfung seien. Alle arbeiten. Es herrscht eine ruhige Arbeitsatmosphäre.	Das limbische System wird emotional angesprochen und damit wird ein Weg bereitet, dass das Wissen in den Cortex gelangt. Die Neurotransmitter, also die „Botenstoffe, die in den synaptischen Spalt ausgeschüttet werden und eine Informationsübertragung ermöglichen" werden positiv beeinflusst.
		LK erinnert an die Übungen der letzten Wochen und gibt immer wieder Hinweise auf Gelerntes oder auf Fragestellungen.	
		LK gibt den Hinweis, dass man den letzten Teil nicht immer schaffen würde, aber dass es schön sei, auch diesen zu formulieren, wie z. B. mit „… also du machst das und ich mache das …" Oder: „Ich freue mich schon auf unseren Ausflug …"	LK lässt den KTNn sehr viel Freiheit, gibt aber auch Tipps und erläutert klar und verständlich die Arbeitsschritte. Im Hintergrund am Whiteboard sind die gelben Folien mit serifenfreier Schrift (Arial) zu sehen, auf denen die Aufgaben klar strukturiert dargestellt sind.
PA		LK prüft, ob jeder einen Partner hat. Es gibt eine Dreiergruppe. LK benennt diese noch einmal und fragt nach, ob das für die KTN in Ordnung sei. Nochmals Hinweis darauf, dass die Aufgabe an der Tafel stehe, dass sie fünf Minuten Zeit haben.	LK übernimmt „Freund-Funktion", seine grundsätzliche Körperhaltung vermittelt Kommunikation auf Augenhöhe. LK nimmt bewusst eine Position ein, sitzend oder an der Seite stehend, um nicht von „oben herab" zu sprechen.
PA		Nach 15 Minuten Vorbereitungszeit kommen zwei KTN nach vorn und tragen ihre Präsentation vor.	LK holt die KTN da ab, wo sie sind. Er lässt immer die KTN sprechen. LK stellt immer wieder den Bezug zur Prüfung her und gibt Hinweise, was in der Prüfung wichtig ist. LK weist auf das Zeitmanagement hin.
Plenum		LK bittet die anderen, sich Notizen zu machen: Zu Wörtern, die sie nicht	

Reflexion (Wie war denn das? Wie haben die Lerner diesen Dialog gemacht?)	verstehen. Dazu, ob alle Redemittel so verwendet wurden, wie sie besprochen worden sind. LK bittet darauf zu achten, ob beide gleich viel erzählen, ob die Struktur nachvollziehbar ist. LK wiederholt immer wieder die Aufgabe und gibt Hinweise. KTN sitzen vor der Klasse und alle hören zu und machen sich Notizen. Anschließend klatschen die anderen KTN und auch LK lobt und sagt, dass er sich ein paar Sachen aufgeschrieben habe, die er später sage. Erst sollen die anderen KTN ihren Eindruck äußern. LK geht auf den Kommentar ein und sagt dem KTN, dass er sich nicht verstellen muss … LK fragt nach den Redemitteln. LK spricht über RM, die verwendet wurden und verdeutlicht deren Anwendung am Beispiel. LK fragt die anderen KTN nach der Zeitverteilung: Redezeit war gut verteilt.	LK handelt aufgabenorientiert und verfolgt ein klares für alle transparentes Zeitmanagement. Immer wieder lenkt LK die Aufmerksamkeit auf die Aufgabenstellung und aktiviert die Lernenden. Die Spiegelneuronen (Nervenzellen), „die beim Beobachten, Zuschauen von zielgerichteten Handlungen anderer aktiv werden", werden positiv angeregt. LK baut Brücken, gibt Informationen und ermutigt die KTN durch eigenes Handeln Informationen aufzunehmen, zu verarbeiten und weiterzugeben, damit die Kommunikation gelingt. Ich würde die LK darauf hinweisen, dass ich es vorteilhafter fände, im Anschluss die Vortragenden zuerst zu fragen: „Wie haben Sie sich gefühlt? Was hat Ihnen am Dialog gefallen? Was glauben Sie, was ist Ihnen gelungen?" Kritik: LK hat den KTN etwas Zuviel abgenommen: LK hat alles sehr gut vorbereitet und die Beispiele vorgelesen! Das hätten die TN aber selber machen können (→ mehr KTN-Aktivierung)!

Für meinen eigenen Unterricht setze ich mir die Ziele, den Unterricht noch emotionaler zu gestalten, meine Lernenden mit ansprechenden Methoden wie das Einbeziehen von filmischen Elementen, audio-visueller Reize und durch die Aktivierung der eigenen Lernbegeisterung durch interaktive Tätigkeiten (z. B. Übungen mit LearningApps) für die deutsche Sprache zu begeistern. Durch eigene Authentizität möchte ich bei meinen Lernenden die Fertigkeiten Hören, Sprechen, Lesen und Schreiben sowohl im rezeptiven wie auch im produktiven Gebrauch erweitern und festigen. Darüber hinaus möchte ich so oft wie möglich den Bezug zur Berufswelt herstellen und verdeutlichen, dass das Maß des Wortschatzes und die Kenntnisse der deutschen Grammatik, Syntax und Orthografie der Schlüssel zur Integration in die Arbeitswelt und damit auch in die Gesellschaft der BR Deutschland ist.

8. Interkulturalität und Integration in den Arbeitsmarkt

In unserer globalisierten Welt nimmt das interkulturelle Lernen einen immer bedeutenderen Stellenwert ein. Wie begrüßt man sich bei Begegnungen? Welche Rolle spielen dabei Körperkontakte (Händeschütteln, Umarmung, etc.). Interkulturell betrachtet, sind kommunikative Störungen vorprogrammiert, wenn Kontakte geknüpft werden. „Die sprachlichen Gewohnheiten der Anrede können ebenso variieren wie der körperliche Anteil einer Begrüßung. […] Bereits die Interpretation von Pünktlichkeit kann unterschiedlich ausfallen, […]. Ist der Kontakt erst einmal hergestellt, so könnte man nun annehmen, entwickelt sich der Rest einer zwischenmenschlichen Begegnung unproblematisch." Allerdings zeigt uns die Realität, dass Sprachen und Verhaltensmuster je nach Herkunftsland sehr unterschiedlich strukturiert sein können. Dazu kommen traditionelle und religiöse

Eigenheiten, die Mißverständnisse und Mißtrauen erzeugen. So entsehen „beidseitig" subtile Situationen, wie z. B. bei der Formulierung von „Zustimmung oder Ablehnung [...] oder beim Einsatz von Humor, Komplimenten, Kritik [...]."[18] (Haag & Bieniek, 2015) Deshalb ist es wichtig, die Lernenden für Kommuniktionsitationen zu sensibilisieren und ihnen Vorgehensweisen zu vermitteln, mit denen sie diese selbstständig und individuell meistern können.[19] Hierbei sollten interkulturelle und kommunikative Lehr- und Lerninhalten so verflochten sein, dass die Aufmerksamkeit der Lernenden „auf eigenes und fremdes Verhalten in interkulturellen Kommunikationssituationen" gelenkt wird, um Deutungs- und Handlungsalternativen zu ermitteln.[20]

Critical Incident im Beruf: *Smalltalk*

	Lehrwerk 1: **Klett** **Linie 1** Deutsch in Alltag und Beruf **B1+/B2** Kurs- u. Übungsb. mit Audios/Videos (konzipiert 2018 / erschienen 2020)	Lehrwerk 2: **telc** Einfach besser! Deutsch für den Beruf **B1·B2** Kurs- und Arbeitsbuch mit MP3-CD (konzipiert 2017 / erschienen 2018)
Analyse: Inwiefern wird dieser Aspekt im Lehrwerk behandelt?	Als Themenschwerpunkt im Inhaltsverzeichnis in <u>keinem</u> Kapitel explizit benannt. Im Kapitel 14 wird eine Inhaltsangabe zu „**Beruf** innerbetriebliche Kommunikation" gemacht. → Small Talk wird hier nicht beachtet. S. 95 Haltestelle B / 3 „Spielen und wiederholen", Situation 3: KTN sollen einen Dialog spielen, wo sie auf einer beruflichen Veranstaltung (Messe, Firmenparty ...) jemanden kennenlernen. → Hier gäbe es auch eine gute Möglichkeit, über die Bedeutung des Small Talk zu sprechen und diesem mit geeigneten Redemitteln zu üben. S. 149 / 6a „Erfolgreich verhandeln": Hier wird das erste Mal der Begriff „Small Talk" abgedruckt und gefragt, was dieser Begriff mit erfolgreichem Verhandeln zu tun hat. Es bietet sich an dieser Stelle an, über die Bedeutung von Small Talk zu sprechen.| S. 149 / 6d → Hier könnte man als Zusatzaufgabe fragen: Wie kann der Small Talk als Strategie bei Vertragsverhandlungen eingesetzt werden? Welche Bedeutung hat Small Talk in den Herkunftsländern und wie wird er eingesetzt?	Kap. 10; S. 149 „Vorhang auf": evtl. Satzbausteine für	Im Kapitel 5 „Verkaufsgespräche und Small Talk" wird diese spezifische Kommunikationsform im Berufsalltag benannt als Inhaltspunkt sowie als Lernziel im Inhaltsverzeichnis benannt. Kursbuch: S. 51 / Einstiegsseite S. 54 / 4 Audio (Geschäftsgespräch Teil 1 + Smalltalk) S. 54 / 5a Metaebene: Warum ist Small Talk oft wichtig? S. 55 / 5b Welche Themen sind geeignet? S. 55 / 5c Interkulturalität S. 55 / 5 d Übung: Sprechen mithilfe von Satzbausteinen S. 57 / 9b Kundengespräch Arbeitsbuch: S. 163 / 8 Small Talk (vier Multiple-Choice-Aufgaben)

---
[18] Haag, B. und Bieniek, J.: Critical Incidents in der interkulturellen Lernpraxis des Deutschunterrichts, S. 3 - 4
[19] Ebd. ↑, S. 7
[20] Ebd. ↑, S. 7

	Small Talk zur Verfügung stellen und üben.	S. 155 / 6 f → HV + Zuordnen	S. 159 Haltestelle C: Hier besteht die Möglichkeit, zu den entsprechenden Situationen den Small Talk zu üben und zu festigen.	Kapitel 14; S. 207 „Global arbeiten – global leben"	S. 209 / 3 b: Es geht zwar um Critical Incidents, aber der Small Talk wird hier nicht benannt. Aus meiner Sicht wäre es an dieser Stelle durchaus angebracht, auch den Small Talk zu erwähnen und zu besprechen.	S. 210 / 4 „Kommunikation im Betrieb": In diesem Abschnitt hätte ich durchaus diesen Aspekt erwartet.	
Vergleich des Aspektes hinsichtlich des ...		
... Kontextes.	Der Kontext bezieht sich auf berufliche Veranstaltungen/ Verhandlungsgespräche. Ein weiterer Kontext wäre die betriebliche Kommunikation, für die die LK eigene Ideen und Materialien einbringen müsste.	Der Kontext konzentriert sich auf den Smalltalk während/zu Beginn eines Verkaufsgesprächs zwischen Händlern auf der Messe (ISH Frankfurt / Weltleitmesse für Bad, Gebäudetechnik, Energietechnik, Klimatechnik & erneuerbare Energien), einem Gespräch zwischen einer Mitarbeiterin eines Zulieferbetriebes und einem Händler, der sich für Schuhe aus Südamerika interessiert und einem Kundengespräch (S. 57 / 9b) im Bereich der Sanitärtechnik, dass von den KTN nach einem Muster trainiert und mit Small Talk eingeleitet werden soll.	In der Aufgabe 5 (S. 54/55) werden Small-Talk-Themen allgemein erörtert, interkulturelle Unterschiede herausgearbeitet (abhängig davon, woher die KTN kommen) und Satzbausteine und deren Verwendung eingeübt. Die Übung im Arbeitsbuch konzentriert sich auf allgemeine Small-Talk-Äußerungen und Antworten.
... inhaltlichen Fokus.	Kennenlernen im beruflichen Kontext. Sprache und Psychologie beim Verhandeln. Einkaufsgespräch auf dem Gemüsemarkt beim Verhandeln des Preises von Spargel. global arbeiten Kommunikation im Betrieb	Small-Talk-Themen (Einstiegsseite) im Plenum benennen (von der LK gesteuert) Geschäftsgespräch zwischen Anita J. (Mitarbeiterin eines Zulieferers von Schuhen und Taschen in Südamerika) und Herrn B. (Einkaufsabteilung Promoto GmbH) nach vorherigen E-Mail-Kontakt. Bezugnahme zum persönlichen Kennenlernen, Nachfrage zu Messe-Erlebnis und zur Stadt München, Vermischung von beruflichen und privaten Auskünften.

... sprachlichen Fokus.	Kontakte knüpfen Fragen und Antworten Höflichkeitsfloskeln Gebrauch von Partikel Reaktionen (Redemittel) + Sprachbausteine → müssen von der LK zusätzlich zur Verfügung gestellt werden	Bedeutung von Small Talk interkultureller Vergleich
		Kontakte knüpfen Verwendung: Zeitformen im Gespräch (Präsens, Perfekt, Plusquamperfekt) Sprachbausteine Fragen und Antworten Höflichkeitsfloskeln Gebrauch von Partikel Reaktionen (Redemittel)

Mit Hilfe folgender Lehrwerke würde ich zusätzliche Materialien zur Verfügung stellen, insbesondere bei der Verwendung des Lehrwerkes von Klett, Linie 1 B1+/B2:

- Hueber: Im Beruf NEU A2+/B1, Kapitel 8, S. 70 / 2a und b. Eine Chat-Lese-Vorlage, die den Small Talk thematisiert und eine gute Anregung ist, um herauszufinden, welche Themen für den Small Talk geeignet sind.
- Klett: Kontext B1.1, Kapitel 5 „Small-Talk-Gespräche führen - Kommunikation in Alltag und Beruf", S. 76 / 2c → Eine Übung zum Hörverstehen, in der auch Redemittel und Satzbausteine bestimmten Gesprächsabschnitten zugeordnet werden (Struktur), die in ein praktisches Small-Talk-Gespräch in PA mündet.
- Hueber: Im Beruf NEU B2+/C1, Kapitel 9, S. 78 / A7 (mit Bezug auf A5 / Redemittel) → Eine gute Anregung, um die Lerneinheit mit einem Klassenspaziergang (unter Einbeziehung dritter Personen) zu erweitern. Es wird eine Struktur (Dialoggerüst) vorgegeben, wie ein Small-Talk-Gespräch beginnt, welche inhaltlichen Punkte folgen und wie ein Small-Talk-Gespräch beendet werden kann.
- https://deutschmusikblog.de/smalltalk-thema-wetter/ → Musikhören macht Spaß, bietet viele Möglichkeiten, Neues zu entdecken und eignet sich sehr gut, um zu wiederholen. Außerdem lernt man kulturelle Hintergründe kennen.[21] Die KTN können mitsingen, nachsingen und Texte übersetzen.

Abschlussreflexion

Nach der zweimonatigen Zusatzqualifizierung für Lehrkräfte in Berufssprachkursen im Online-Unterricht offeriere ich nun im Abschlussbericht, welche Erwartungen an die ZQ BSK sich erfüllt haben. Im Modul 1 hat mich die Menge der Ausbildungsberufe fasziniert und nach der Durchsicht des Verzeichnisses der anerkannten Ausbildungsberufe 2020 war ich erstaunt, dass es noch so viele Handwerksberufe gibt, von denen ich glaubte, sie wären schon längst verschwunden. Überrascht hat mich auch, dass aus ideologischen Gründen, deren Ursprünge in der bis heute noch nicht zur Genüge aufgearbeiteten NS-Zeit liegen, eine neue Bezeichnung für Pflegekräfte eingeführt und das diese Umbenennung schon seit vielen Jahrzehnten geplant wurde. Mit der BQ-Portal Wissens- und Arbeitsplattform konnte ich meinen Horizont enorm erweitern. Die Aufgabe, eine Power-Point-Präsentation zu erstellen, bereitete mir sehr viel Spaß und ich hoffe, bei denen ich jetzt zurzeit tätig bin, die Klassenräume technisch dementsprechend aufgerüstet werden, damit ich meine neu erlernten technischen Fähigkeiten nutzbringend anwenden kann. Davon würden auch meine KTN profitieren, da ihre Medienkompetenz wachsen würde, wenn sie entsprechende Fähigkeiten entwickeln könnten, um digitalisierte Übungen zu bearbeiten.

Im Modul 2 wurde mir bewusst, dass Sprache etwas ist, was man immer wieder genau anschauen muss, da sogar sie sich im dynamischen Prozess der Digitalisierung und Globalisierung verändert. Sehr eindrücklich fand ich die Betrachtungen der Berufsprache von Dietmar Mehrens, der den umstrittenen Kolonialzeit-Roman *Imperium* von Christian Kracht zum Gegenstand im DaF-Unterricht machte.[22]

---

[21] youthREPORTER: Musik als Werkzeug zum Sprachenlernen
[22] Efing, C. (08. 2014). Vermittlung von Fachsprachen. *Info DaF* , S. 473 - 485

Sprache muss in ihrem Gebrauch im Kontext betrachtet werden, so eben in diesem speziellen Fall der BSK auch in der Abgrenzung zu anderen Kontexten wie denen des allgemeinen Sprachgebrauchs, der Bildungssprache oder des Fachsprachengebrauchs, gleichzeitig gibt es wiederum Überschneidungen in berufsrelevanten Registern, die nun durch die neuen Regelungen des GERs und des Lernzielkatalogs sehr differenziert katalogisiert worden sind. Dementsprechend wurden Lehrwerke und Prüfungsformate angepasst. Dieser Teil der ZQ BSK hat mir gezeigt, dass meine Unterrichtsweise durchgängig gut ist. An den Lesetexten und am Hörverstehen arbeite ich meistens gründlicher als es in den Lehrwerken vorgeschlagen wird. Ich fertige viele zusätzliche Aufgaben an, sowohl im mündlichen als auch im schriftlichen Bereich.

Im Modul 3 habe ich sehr viele Informationen erhalten, die ich für die Erarbeitung der Lernziele im Unterricht nutzen kann. Mir wurden viele Internetportale vorgestellt, die ich nutzen kann, um meinen Lernenden den Weg in die Berufswelt zu ebnen. Gleichzeitig kann ich, je nach Sprachniveau, die Online-Angebote didaktisiert im Unterricht einbinden, wenn es sich thematisch anbietet. Somit kann ich beim Lehren der deutschen Sprache berufsrelevante Schlüsselkompetenzen anhand realitätsnaher Bezüge trainieren und die Lernenden dabei unterstützen, selbst handlungsorientiert zu agieren. Darüber hinaus erkannte ich, dass eigene Lernstrategien immer wieder überprüft werden müssen und die Erprobung und Vermittlung auch von ungewohnten Lernstrategien regelmäßig in den Unterricht einfließen muss, um allen Lerntypen gerecht zu werden.

Das Modul 4 war aus meiner Sicht sehr praxisorientiert. Sehr hilfreich waren für mich die Diskussionen darüber, wie man mit mangelnder Motivation, mit geringer Sprachverwendung außerhalb des Sprachunterrichts, unterschiedlichen Sprachkompetenzen und der Komplexität der Lernziele umgehen kann, welche Ursachen zugrunde liegen (könnten) und wie Lernende unterstützt werden können. Darauf aufbauend, wurde die Vermittlung von Lese- und Schreibstrategien besprochen. Das gelingt mir natürlich nur, wenn ich die Vielfalt der Methoden kenne und in meinen Kursen einsetze. Dabei haben wir selbst einige unserer Schlüsselkompetenzen geübt, wie die Team-, Kooperations- und Problemlösungsfähigkeit. Es war eine Art der Wiederholungs- bzw. Auffrischungsphase für mich, bei der ich natürlich wieder etwas dazu gelernt habe. Ich fand das Scaffolding als handlungsorientierte Methode sehr relevant. Im Prinzip wende ich es schon in meinem Unterricht an, da es für mich zum alltäglichen Lehrprozess dazugehört. Dass es dafür einen Fachausdruck gibt, war mir bis dato nicht bekannt. Gern hätte ich noch mehr über den Einsatz von Mnemotechniken erfahren, von denen ich im Fragebogen „Selbstreflexion der Lehrkompetenzen" gelesen habe. Gedächtnis- sowie auch die Wiederholungsübungen finde ich im Lernprozess besonders bei Fremdsprachen sehr wichtig.

Die Vorbereitung des Moduls 5 fand ich sehr zeitintensiv. Da ich Prüfer-Lizenzen besitze und oft prüfe, interessiert es mich selbstverständlich, ob ich eher subjektiv bewerte oder ob es mir gelingt, objektiv zu sein. Leider wurden uns keine mündlichen Musterprüfungen gezeigt, deren Bewertung wir in der Diskussion hätten erörtern können. Das ist sehr schade. Auch fand ich, dass die Kennenlernrunde sowie die Umfrage zu viel Zeit in Anspruch genommen haben. Hier kam es mir zu Gute, dass ich mir im Vorfeld viel Zeit für das Studium der Prüfungsformate genommen und mir eine tabellarische Übersicht erstellt habe. Somit bin ich in der Lage, den Aufbau und die Anforderungen der einzelnen Niveaustufen direkt zu vergleichen. Die spontane Umwandlung der Portfolie-Aufgabe hat mich überrascht.

Das Modul 6 wurde vorgelagert und es hat mir sehr geholfen, meine Medienkompetenz zu stärken. Es hat sich wirklich gelohnt, sich mit diesen vielen Tools zu beschäftigen! Da unsere Zusatzqualifikation durchgängig online durchgeführt wurde, sind wir immer wieder mit Besonderheiten und Schwierigkeiten der Unterrichtsgestaltung, hauptsächlich den technischen, deren Bewältigung im Online-Unterricht zwanglüfig zu realisieren war, konfrontiert worden. Aber es wurden immer Lösungen gefunden und die aufgetretenen Probleme behoben. Ich erlebte den konstruktiven Umgang damit, dass Endgeräte „abstürzen" können, dass es Komplikationen mit der Lautstärke geben kann, die Qualität der Wiedergabe nicht optimal ist oder die Internet-Verbindung versagt. Durch die begleitende Selbstlernphase bzw. durch die Vorbereitung der 10-minütigen Online-Unterrichtssequenz mit ihrer anschließenden Durchführung habe ich gute Erfahrungen sammeln können. Ich habe viel daraus gelernt, vor allem bei der Planung des Online-Unterrichtes. Auch fand ich viele Ideen meiner Kolleginnen und Kollegen, wie z. B. die Benutzung einiger Apps und gemeinsam zu erstellender Docs-

Dokumente in Verbindung mit einem Beamer im Präsenzunterricht, für meine zukünftige Unterrichtsplanung sehr inspirierend.

Das Modul 7 fand ich sehr motivierend und anregend. Besonders die Gespräche um die Lehrerpersönlichkeit und das Lehrerverhalten haben mich in Hinblick auf die Lehrerschaft des obligatorischen Schulsystems in Deutschland sehr nachdenklich gemacht. Die Beobachtung der LK im Unterrichtsverlauf bot mir einen Blick von außen auf das Unterrichtsgeschehen. Durch die Kommentierung des Beobachtungsprotokolls wurde mir bewusst, wie wichtig „good vibes" sind. Natürlich habe ich mich selbst als Lehrerin kritisch betrachtet und mir die Frage gestellt, ob ich mich immer allen Lernenden gegenüber freundlich und gerecht genug verhalte, ob ich jeweils die richtigen Worte finde usw., obwohl ich es immer versuche.

Das Thema des 8. Moduls „Interkulturalität und Integration" ist sehr wichtig und für mich besonders faszinierend. Wir stiegen ohne Selbstlernphase in das Thema ein und es entwickelten sich aufschlussreiche Diskussionen. Es war gut, dass in unserer Gruppe auch Kolleginnen und Kollegen aus Peru, Kolumbien, Ägypten und Syrien waren. Dadurch wurde es möglich, über den eigenen Tellerrand zu schauen bzw. mit den Augen der anderen auf den eigenen Teller zu blicken. Mit diesen unterschiedlichen Perspektiven war für uns realisierbar, Critical Incidents zu erkennen und zu benennen. Zwar wurden immer wieder Defizite der deutschen Bevölkerung zutage gefördert, aber letztendlich kamen wir zu dem Schluss, dass es tatsächlich mit dem Sprachvermögen und -verständnis (natürlich auch auf Seiten der deutschen Bevölkerung) zusammenhängt, wie gut die Integration gelingen kann. D. h. dass der (Fremd-)Sprachen-Erwerb tatsächlich eine fundamentale Basis darstellt, wenn es um Interkulturalität und Integration geht. Glücklicherweise hat uns die Dozentin für eine anschließende Selbstlernphase noch viel Material zur Verfügung gestellt. Hier stieß ich auf die Deutsche Gesellschaft für internationale Zusammenarbeit, die auch Weiterbildungen zur interkulturellen Kompetenz anbietet. Dafür möchte ich mir in Zukunft mehr Zeit nehmen und daran teilnehmen, um meine interkulturellen Fähigkeiten zu vertiefen und zu verfeinern. Auch die Lehrbriefe zur interkulturell sensiblen Berufsorientierung fand ich sehr aufschlussreich und lesenswert. Das Video zur Vermittlung von berufsspezifischen Normen und Verhaltensweise (Wie *„ferngesteuert" darf eine Pflegekraft agieren?*) hätte ich, bezugnehmend auf die Änderung einer Berufsbezeichnung aus ideologischen Gründen, sehr gern in der Online-Qualifizierung diskutiert. (Ebenso das Beispielvideo für Critical Incidents.) Das empfinde ich als Manko, da es aus meiner Sicht sehr wichtig gewesen wäre, sich unter Kolleginnen und Kollegen darüber auszutauschen.

Insgesamt bin ich sehr froh, diese Zusatzqualifizierung gemacht zu haben. Für mich hat es zeitlich gut gepasst, ich fand den wöchentlichen Abstand zwischen den Modulen sehr gut, um mich in die jeweilige Fachliteratur einzulesen und gestellte Aufgaben zu bearbeiten. Mich haben kompetente Dozentinnen und Dozenten durch sehr umfangreiche Themen- und Wissengebiete geleitet und das ganze Team hat aus meiner Sicht sehr gut miteinander gearbeitet und sich gegenseitig unterstützt. Mir hat es Spaß gemacht, online zu arbeiten.

Quellenverzeichnis

Bärenfänger, O., Nitsche, N., & Plassmann, S. (2019). *Bundesamt für Migration und Flüchtlinge*. Von https://www.bamf.de/SharedDocs/Anlagen/DE/Integration/Berufsbezsprachf-ESF-BAMF/BSK-Konzepte/lernzielkatalog-spezial-und-basisberufssprachkurse.html;nn=282388 abgerufen

BMAS. (16. 11. 2020). *Bund Verlag*. Von https://www.bund-verlag.de/aktuelles~Bessere-Arbeitsbedingungen-fuer-Pflegekraefte~.html abgerufen

Cyberfussel. (05. 02. 2013). *Fachpflegewissen.de*. Von https://fachpflegewissen.de/2013/02/05/der-betriebsrat/ abgerufen

Dr. Bender, T. (09. 07. 2017). *DGB Rechtsschutz GmbH*. Von https://www.dgbrechtsschutz.de/recht/arbeitsrecht/betriebsraete-und-personalraete/themen/beitrag/ansicht/betriebsraete-und-personalraete/betriebsrat-kann-mindestbesetzung-in-der-pflege-durchsetzen/details/anzeige/ abgerufen

Dr. Heimann, K. (09. 10. 2013). *Betriebsratspraxis24.de*. Von https://www.betriebsratspraxis24.de/betriebsratspraxis-extra/betriebsratsarbeit-in-der-pflege-ja-das-ist-was-besonderes-3509/ abgerufen

Dr.Schlüter, S. (2019). In *Im Beruf Neu. Deutsch als Fremd- und Zweitsprache B2+/C1* (S. 105). München: Hueber.

gutefrage.net GmbH. (2013). *gesundheitsfrage*. Von https://www.gesundheitsfrage.net/g/frage/beschwerde-ueber-pflegepersonal-im-krankenhaus abgerufen

Haag, B., & Bieniek, J. (2015). h. *sprechen Heft 59*, 1 - 14. Von https://www.hyperkulturell.de/wp-content/uploads/download-manager-files/sprechen-59-CIT-Aufsatz-.pdf abgerufen

Klotz, V., & Merkelbach, M. (2018). In *Fokus Deutsch. Erfolgreich in Alltag und Beruf B2* (S. 112, 113). Berlin: Cornelsen Verlag.

Koeppel, R. (2016). Deutsch als Fremdsprache - Spracherwerblich reflektierte Unterrichtspraxis. Baltmannsweiler: Schneider Verlag Hohengehren.

Leisen, J. (2021). *Lesen im Fachunterricht*. Von http://www.sprachsensiblerfachunterricht.de/lesen abgerufen

Mai, J. (12. 01. 2021). *karrierebibel*. Von https://karrierebibel.de/jobcenter/ abgerufen

Sochorek, R. (24. 02. 2007). *Sochorek*. Von https://www.sochorek.cz/de/pr/blog/1172275771-deutsch-ist-die-zweitwichtigste-handelssprache-in-europa.htm abgerufen

W.A.F. (2021). *W.A.F. BetriebsratWissen*. Von https://www.betriebsrat.com/wissen/betriebsrat/aufgaben-rechte-pflichten abgerufen

Zentrale für Unterrichtsmedien im Internet e. V. (04. 2021). *Zum Deutsch Lernen*. Von Fremdsprache Deutsch 46/2012 – Lernstrategien. Tabelle 1: Klassifizierung strategischer Lernhandlungen abgerufen

Zitate - Literaturzitate - Allgemein. (5. 03. 2021). *Zitate-Online.de*. Von https://www.zitate-online.de/literaturzitate/allgemein/16233/wer-glaubt-etwas-zu-sein-hat-aufgehoert-etwas-zu-werden.html abgerufen

Zum Deutsch Lernen: Lernstrategien im Fremdsprachenunterricht. (2012). Von https://deutsch-lernen.zum.de/wiki/Lernstrategien_im_Fremdsprachenunterricht?rdfrom=https%3A%2F%2Fwiki.zum.de%2Findex.php%3Ftitle%3DLernstrategien_im_Fremdsprachenunterricht%26redirect%3Dno abgerufen

Anhang

Beispieltext: Grundlage der Textanalyse (2.2) und des Unterrichtsentwurfes (3.2)

MITBESTIMMUNG DES BETRIEBSRATS

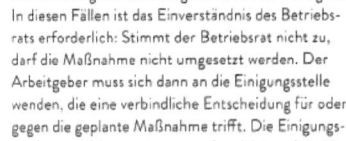

Der Betriebsrat vertritt die Interessen der Beschäftigten eines Unternehmens und muss an allen die Beschäftigten betreffenden
5 Maßnahmen beteiligt werden. Bei bestimmten Maßnahmen hat er sogenannte echte Mitbestimmungsrechte, d. h. er entscheidet gleichberechtigt neben dem Arbeitgeber. In diesen Fällen ist das Einverständnis des Betriebs-
10 rats erforderlich: Stimmt der Betriebsrat nicht zu, darf die Maßnahme nicht umgesetzt werden. Der Arbeitgeber muss sich dann an die Einigungsstelle wenden, die eine verbindliche Entscheidung für oder gegen die geplante Maßnahme trifft. Die Einigungs-
15 stelle setzt sich zusammen aus der gleichen Anzahl an Personen von Arbeitgeber- und Betriebsratsseite. Außerdem gibt es einen unparteiischen Vorsitzenden, auf den sich beide Seiten einigen müssen. In der Praxis wird die Einigungsstelle nur selten angerufen.
20 Meistens versuchen Betriebsrat und Arbeitgeber, Kompromisse zu finden.
Mitbestimmungspflichtig sind u. a. alle Folgendes betreffenden Maßnahmen: Verhalten der Arbeitnehmer (z. B. Taschenkontrollen, Dienstkleidung,
25 Alkoholverbot), Beginn und Ende der täglichen Arbeitszeit, Pausen, Verteilung der Arbeitszeit z. B. auf die Woche, Überstunden, Urlaub, Überwachung der Arbeitnehmer (Videokamera, automatisches Zeiterfassungssystem), Arbeits- und Gesundheits-

schutz, Sozialeinrichtungen 30
(z. B. Kantine, Betriebskindergarten, Pausenräume), Leistungsprämien, Schichtzulagen, Änderung von Arbeitsplätzen, Richtlinien über die Personal- 35
auswahl bei Einstellungen.
Möchte ein Arbeitgeber beispielsweise, dass die Beschäftigten einer Abteilung Überstunden machen, weil zu viele Aufträge eingegangen sind, muss der Betriebsrat zustimmen. Lehnt dieser die Anordnung 40
von Überstunden ab, darf der Arbeitgeber nicht auf den Überstunden bestehen. Möchte er dennoch, dass Überstunden gemacht werden, müsste er sich an die Einigungsstelle wenden. Nur wenn diese den Überstunden zustimmt, darf er die Beschäftigten zu 45
den Überstunden verpflichten.
Neben solchen Maßnahmen, bei denen „echte" Mitbestimmungsrechte bestehen, vertritt der Betriebsrat die Interessen der Beschäftigten auch in anderen Angelegenheiten. Allerdings kann hier der Arbeit- 50
geber ggf. auch ohne Einverständnis des Betriebsrats entscheiden. So ist es z. B. bei einer Kündigung: Der Arbeitgeber muss den Betriebsrat zwar vorher anhören und ihm die Gründe der Kündigung darlegen. Die Kündigung verhindern kann der Betriebsrat 55
aber nicht. Er kann jedoch Bedenken äußern und damit dem betroffenen Beschäftigten unter Umständen helfen.

Textquelle: Im Beruf Neu. Deutsch als Fremd- und Zweitsprache B2+/C1. Hueber, 2019, S. 105

Unterrichtsentwurf als Lehrskizze

Thema:	Strategietraining beim Leseverstehen am Fachtext
Zeit:	1 UE
Zielgruppe:	B2+/C1 – Erwachsene verschiedener Herkunftländer
Unterrichtsmaterial/ Lehrwerk:	Kopie. Infografik: Die Aufgaben des Betriebsrats	Infografik: Beteiligungsrechte des Betriebsrats Im Beruf Neu. Deutsch als Fremd- und Zweitsprache B2+/C1. Hueber, 2019
Seite:	S. 105
Groblernziel/e:	Lernstrategien anhand des in Mocul 2 verwendeten Textes Strategien, deren Vermittlung sich bei diesem konkreten Text anbietet (Variante 2: Schreiben Sie einen didaktisch-methodischen Kommentar zu Ihrer Lehrskizze, begründen Sie die
Lerninhalte:	Vorgehensweisen zur Realisierung von Lernzielen oder zur Bewältigung von Lernanforderungen Strategien zum Lesen und Verstehen eines Fachtextes (Memorisieren – Sprachverarbeitung – rezeptiver und produktiver Sprachgebrauch)

Lernziele Die KTN ...	Lerninhalte	Unterrichtsphasen	Lehreraktivitäten	Lerneraktivitäten	Sozialformen	Materialien/ Medien	Methodische Hinweise	Zeit
... kennen die institutionalisierte Arbeitnehmervertretung in Betrieben, Unternehmen und Konzernen.	Sprechen „Wissen Sie, was ein Betriebsrat ist?" Gibt es in Ihrer Heimat auch Betriebsräte o. Ä.?"	Motivation + Orientierung	KL fordert die KTN auf, über ihre Erfahrungen zu sprechen. Außerdem sollen die KTN im Kurs fragen, was sie wissen.	Über Erfahrungen sprechen, Fragen formulieren.	Plenum Unterrichts-gespräch	Google Meet (Videokonferenz) Docs-Whiteboard	Vorwissen aktivieren und Motivation aufbauen. BD: Für alle sind diese Fragen als Erinnerungs-hilfe sichtbar (Präsentation).	5′
... können komplexe Komposita, Nominali-sierungen, Funktionsverbgefüge, attributiven Genitiv, Relativsätze und verstehen.	Fragen zu Infografik formulieren. Textstellen markieren, die Antworten enthalten.	Erarbeitung: Phase I Bewusstmachung	LK teilt mehrere Gruppen ein und verteilt die Infografik: Aufgaben des Betriebsrats und Beteiligungs-rechte des Betriebsrates.	KTN unterstreichen unbekannte Wörter, recherchieren die Bedeutung und sammeln Fragen zu der jeweiligen Infografik für alle sichtbar auf dem Jamboard.	GA	Classroom Breakout-Rooms Jamboard	Infografik befindet sich im Google Classroom und kann von den KTN heruntergeladen werden. BD: aktive Unterstützung durch die LK	5′
... kennen Wörter/Wortgruppen zum Begriff „Betriebsrat".	Mind-Map anfertigen, um Assoziationen zu sammeln.	Sammlung	LK skizziert und schreibt.	KTN geben Input, was die LK für alle in der Mind-Map sichtbar macht.	Plenum	Google-Meet Docs	Hinweis auf Infografiken. BD: Erklärungen in der Herkunftssprache	5′

... können Hypothesen aufstellen.	Was macht der Betriebsrat? Bei welchen Angelegenheiten muss der Arbeitgeber den BR beteiligen? Wo darf der Betriebsrat mitreden? Aus welchen Personen setzt sich die Einigungsstelle zusammen? Welche Form der Einigung ist in der Praxis gängig? Bei welchen Maßnahmen darf der Betriebsrat zwar mitreden, hat aber kein echtes Mitbestimmungsrecht?	Erarbeitung: Phase 2	LK teilt Paare ein. Jede Gruppe erhält eine Frage. LK moderiert das Plenum	KTN stellen eine Hypothese zur erhaltenen Frage auf. KTN schreiben ihre Frage auf und machen Notizen zur Hypothese. KTN stellen ihre Frage und ihre Hypothese den anderen vor.	PA Plenum	Breakout-Room + Jamboard Präsentation Jamboard	*Hinweis auf Infografiken.* *BD: KL gibt eine Hypothese vor.* *Evtl. Korrektur der schriftlichen Formulierungen.*	5' 10'

	Textabschnitte verstehen + Wörter/Wortgruppen bzw. Textstellen zur Hypothese/Antwort markieren.	Transfer + Erarbeitung: Phase 3	LK verteilt an jedes Paar einen Textabschnitt. KTN markieren farbig unbekannte Wörter, recherchieren deren Bedeutung, finden eine Überschrift. Mit einer anderen Farbe markieren sie die Textstellen, die Antworten auf ihre Hypothesen enthalten und geben mit eigenen Worten den Inhalt ihres Abschnittes wieder. Abschnitt und Ausarbeitung den anderen Gruppen vorstellen.	PA Plenum	Classroom + Docs [LB, S. 105 - Text zerschnitten in vier Abschnitte] Z. 1-19, Z. 20-36, Z. 37-46 und Z. 47-58	Verweis auf Infografiken. Synonyme etc. BD: Textabschnitt noch einmal kürzen und aufteilen. Z. 1-11 Z. 9-19	10'
... können Zwischenüberschriften finden und mit eigenen Worten wiedergeben, was im Text steht.							
... kennen Begrifflichkeiten und können den Text lesen und verstehen.	Text lesen und verstehen.	Sicherung, Anwendung	KL fordert die KTN auf, den Text laut zu lesen und korrigiert ggf. die Aussprache.	KTN lesen abwechseln den Text laut vor.	EA / Plenum	LB, S. 105 Aufgabe: B1b	Evtl. Verständnisprobleme werden auf die bereits erarbeitete Art und Weise gelöst.	5'

Beginn der nächsten UE:

| ... können Aussagen zum Text als richtig oder falsch bewerten. | Aussagen zum Text richtig oder falsch erfassen. | Transfer Anwendung | KL präsentiert Aussagen zum Text. | KTN entscheiden, ob die Aussagen stimmen oder nicht. | GA / Plenum | LB, S. 105 Aufgabe: B1c | Das Erlernte anwenden (Markierung unbekannter Wörter, Synonyme finden usw.). | 10' |

Infografik: Die Aufgaben des Betriebsrats

Infografik: Beteiligungsrechte des Betriebsrats

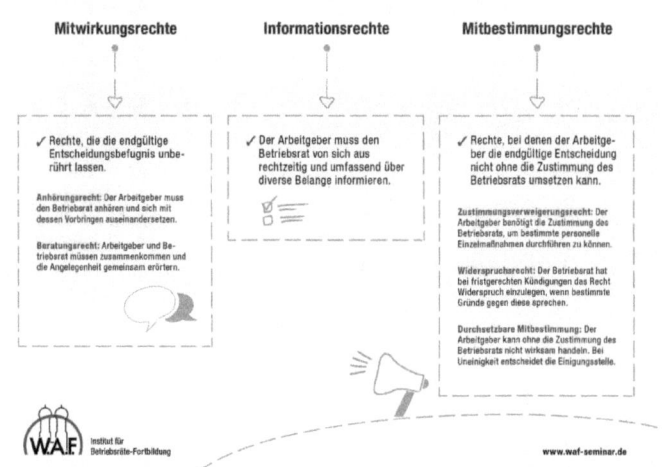

Unterrichtsentwurf als Lehrskizze: Training von Schreibstrategien

Thema:	Beschwerdebrief schreiben
Zeit:	2 UE
Textsorte/Kommunikationsform:	Beschwerde
Aktivität:	produktiv schriftlich
Partner*innen:	≙ Mitarbeiter_in - Externe_r
Register:	formell
Zielgruppe:	Basisberufssprachkurs B2: 17 erwachsene TN verschiedener Herkunftsländer
Unterrichtsmaterial/ Lehrwerk:	Mentimeter LearningApp Fokus Deutsch. Allgemeine Ausgabe B2 – Erfolgreich in Alltag und Beruf. Cornelsen, 2018
Seite:	S. 112/2 und S. 113/5
Groblernziel/e:	Lernzielkatalog, S. 221-228 / 57 Vorschläge machen und begründen, auf Vorschläge anderer reagieren, argumentieren Situation: Vorgänge beurteilen und begründen
Feinlernziele:	57.5 Kann die Beurteilung eines Zustands/einer Handlung formulieren. 57.6 Kann das eigene Handeln begründen. 57.7 Kann (Nicht-)Machbarkeit ausdrücken und begründen. 57.8 Kann Standpunkte und Interessen formulieren. 57.9 Kann an Verhandlungen teilnehmen.

Sprachhandlungen[23]:

Kann relativ spontan und fließend die Beurteilung eines komplexen Zustands/einer komplexeren Handlung formulieren, dabei Begründungen geben, Zusammenhänge herstellen und Gründe für oder gegen Alternativen anführen; dabei ist der Grad an Formalität den Umständen angemessen. Kann in einer klaren, zusammenhängenden Nachricht die Beurteilung eines Zustands/einer Handlung formulieren, dabei Begründungen geben und Zusammenhänge herstellen und Gründe für oder gegen Alternativen anführen; es kommen keine Fehler vor, die zu Missverständnissen führen können.

Kann relativ spontan und fließend das eigene Handeln ausführlich und überzeugend begründen; dabei kommen keine Fehler vor, die zu Missverständnissen führen können; der Grad an Formalität ist den Umständen angemessen. Kann in einer klaren, zusammenhängenden Nachricht das eigene Handeln ausführlich und überzeugend begründen; es kommen keine Fehler vor, die zu Missverständnissen führen können; der Grad an Formalität ist den Umständen angemessen.

Kann relativ spontan und fließend `Nicht-)Machbarkeit ausdrücken und ausführlich und überzeugend begründen; dabei ist der Grad an Formalität den Umständen angemessen. Kann in einer klaren, zusammenhängenden Nachricht (Nicht-)Machbarkeit ausdrücken und ausführlich und überzeugend begründen; es kommen keine Fehler vor, die zu Missverständnissen führen können.

Kann relativ spontan und mit guter Beherrschung der Grammatik Standpunkte und Interessen formulieren und dabei Gründe für oder gegen einen Standpunkt anführen, praktisch ohne den Eindruck zu erwecken, sich in dem, was sie_er sagen möchte, einschränken zu müssen; der Grad an Formalität ist den Umständen angemessen.

Kann relativ spontan und mit guter Beherrschung der Grammatik verhandeln und dabei entscheidende Punkte in angemessener Weise hervorheben und stützende Einzelheiten anführen; dabei ist der Grad an Formalität den Umständen angemessen.

---

[23] BAMF (2019): Telc Language Tests. Berufsbezogene Deutschsprachförderung. Lernziele. Basisberufssprachkurse B2 und C1, Frankfurt am Main, telc gGmbH, S. 221-228

Lernziele Die KTN ...	Lerninhalte	Unterrichtsphasen	Lehreraktivitäten	Lerneraktivitäten	Sozialformen	Materialien/ Medien	Methodische Hinweise	Zeit
... können Präpositionen schreiben.	Präpositionen „Welche Präpositionen kennen Sie?"	Einstieg I + Motivation Einführung und Vorbereitungsphase WDHL	KL fordert KTN auf, den QR-Code zu scannen und in die Anwendung bekannte Präpositionen zu tippen.	Präpositionen aller KTN erscheinen in einer Wortwolke. Auswertung des Ergebnisses.	Frontal EA Plenum	Laptop, Smartphone	Das Tafelbild: Wen oder was können P. kennzeichnen? Gebrauch der Präpositionen + Beispiele bleibt für alle sichtbar.	5'
... kennen Präpositionen mit Genitiv und können sie ihrer Verwendung nach zuordnen.	Präpositionen mit Genitiv (Übung 1)	Einstieg II WDHL	KL fordert KTN auf, den QR-Code zu scannen und in der Anwendung die entsprechenden Verwendung zuzuordnen.	KTN ordnet in der App selbstständig die Präpositionen der lokalen, modalen, temporalen oder konzessiven Verwendung zu.	Frontal EA	Laptop, Smartphone	Bezug zum Lehrbuch, Kapitel 7.	5'
... können die Präpositionen mit Genitiv richtig im Beschwerdebrief einsetzen.	Präpositionen mit Genitiv Beschwerdebrief lesen und verstehen. (Übung 2)	Übungsphase 1 Festigung Verstehenskontrolle	KL fordert KTN auf, den QR-Code zu scannen und in der Anwendung die entsprechenden Präpositionen in die Lücken einzutragen.	KTN tippt in der App selbstständig die Präpositionen ein.	Frontal EA	Laptop, Smartphone	In der App ist eine Hilfe (Glühbirne), in der die Präpositionen, die einzutragen sind, aufgelistet sind.	5'

... kennen die Struktur eines Beschwerde-briefes.	Reihenfolge der Bestandteile. (Übung 3)	WHLG Festigung Verstehens-kontrolle	KL fordert KTN auf, den QR-Code zu scannen und in der Anwendung die Bestandteile in die richtige Reihenfolge zu bringen.	KTN bringt die Bestandteile in der App selbstständig in die richtige Reihenfolge.	Frontal EA	Laptop, Smartphone Ü3 Ü4	Infopunkt am Bestandteil, der entsprechenden Textbaustein (sichtbar und hörbar) enthält. BD: Reihenfolge der Abschnitte. (Übung 4)	5′
... können für einen Beschwerde-brief einen Text planen, Stichwörter ordnen und Sätze formulieren.	Situation verstehen. Text planen. Stichwörter ordnen. Stichwörter + Textbausteine verbinden.	Präsentation Wiederholung Festigung	KL führt schrittweise vor: Textplanung, Stichwortauswahl, Satzkonstruktionen mit Stichwörtern, Textbausteinen und Präpositionen mit Genitiv.	KTN hören aktiv zu und betrachten die Folien. KTN stellen Fragen.	Frontal Plenum	Laptop Folien 12, 13, 14 und 15	Schritt für Schritt werden (z. T. farbig) die Planung, das Orden und die Formulierung der Sätze dargestellt.	10′
... können Textbausteine und Sätze den Abschnitten des Beschwerde-briefes zuordnen.	Abschnitte und Textbausteine zuordnen. (Übung 5)	Übungsphase 2 Transfer	KL fordert die KTN auf, den QR-Code zu scannen und in der Anwendung die Aufgabe zu lösen.	KTN schieben in der Anwendung die entsprechenden TBS in den passenden Abschnitt.	Frontal EA	Laptop + Smartphone Ü5 Ü6	Erinnerung an Vorwissen. Evtl. LB, S. 113 | BD: Sätze ordnen (Übung 6) + Hilfe (Glühbirne), in der der gesamte Text sichtbar ist.	5′

... können den "zerlegten" Brief wieder in Ordnung bringen.	Sätze richtig formulieren. (Übung 7)	Festigung	KL fordert die KTN auf, den QR-Code zu scannen und in der Anwendung die strukturierten Sätze in die jeweilige Lücke zu schreiben.	KTN tippen in der Anwendung die Sätze richtig ein.	Frontal EA	Laptop Smartphone	In der App gibt es eine Hilfe (Glühbirne), in der der gesamte Text sichtbar ist.	15'
... können selber einen Beschwerdebrief schreiben.	Situation verstehen, Text planen, Stichwörter ordnen, Stichwörter+Präpositionen+TBS kombinieren, Sätze formulieren, Brief schreiben.	Phase der freien Anwendung	KL teilt die TN in Gruppen ein und schickt sie in die Breakout-Rooms. KL schaltet sich den einzelnen Gruppen zu, um unterstützend wirksam zu sein.	KTN gehen in die Breakout-Rooms und erarbeiten gemeinsam die Aufgabe und schreiben in einer Word-Datei einen Beschwerdebrief.	GA	Laptop	LB, S. 113/5 Folie, S. 19 Situationen Folie, S. 20 Arbeitsschritte	40'

Selbsterstellte Prüfungsaufgabe: Deutsch-Test für den Beruf [Basiskurs B2]

Zielgruppe: Pflegefachmann/-frau
Ziel der Lernstandserhebung: Lesen und Schreiben (20 min)
T 1 (Lesen): Beschwerden und Anweisungen verstehen + *T 2 (Schr.):* Auf Beschwerden reagieren

Lesen und Schreiben

Ihre Teamleitung leitet Ihnen aus einem Gesundheitsfrage-Forum, eine Frage-Antwort-Plattform aus dem Internet, einen Beitrag weiter, da dieser Vorfall in ihrer Abteilung aufgetreten ist, und bittet Sie, darauf zu reagieren.

Erhalten: heute, 9:25 Uhr
Von: Gesundheits-Forum
An: ...

Betreff: FW Beschwerde über Pflegepersonal im Krankenhaus

Hallo, unten stehender Beitrag erreichte mich gestern. Bitte kümmern Sie sich darum und antworten Liuba72 höflich. Derartige Verleumdnungen sind nicht gut für unser Image und wir möchten weitere Negativ-Publicity verhindern. Sie können Liuba72 ruhig die Gründe für unsere aktuellen Probleme nennen. Ganz wichtig: Bitte laden Sie L. 72 auf Ihre Station ein und zeigen ihr, wie wir dieses Problem lösen können.

Vielen Dank und beste Grüßen

Marlis W.

Teamleiterin

Erhalten: gestern, 13:12 Uhr
Von: Gesundheits-Forum
An: Marlis W.

Betreff: Beschwerde über Pflegepersonal im Krankenhaus

Hallo, vielleicht könnt ihr mir helfen, wie ich mich verhalten soll. Es geht um meinen Opa: Nach einer Herzoperation mit schweren Folgen (Kreislaufschock bei OP - erhebliche Schäden im Gehirn) ist sein Gehirn sehr beschädigt worden. Vor der OP war Opa sehr fit. Er wurde von einen KH zum anderen verlegt, ohne seine Betreuer zu fragen oder uns wenigstens Bescheid zu sagen. An diesem Tag habe ich auf meinen Opa im Pflegeheim gewartet. Nur weil er lange nicht kam, habe ich dann im Krankenhaus angerufen und erfahren, dass er verlegt worden ist. Ok, was passiert ist, ist passiert und man kann nichts ändern. Er liegt jetzt im Wachkoma und wird nicht mehr wach - laut Aussage der Ärzte. Was mir jetzt weh tut, ist wie er gepflegt wird. Und was ich nicht ohne Tränen sehen kann, ist der Dekubitus am Hinterkopf. Auch andere Stellen sind mir aufgefallen, die scheinbar nicht gewaschen worden sind. Seit einer Woche wurde er nicht rasiert, die Haare sind voll fettig (nicht nur ein bisschen wie manchmal, sondern richtig). Kein Mensch auf der Station kümmert sich um die Grundpflege. Sie werden doch dafür bezahlt, oder nicht? Er hat es nicht verdient, dass man so mit ihm umgeht. Ich will mich beschweren, weiß aber nicht genau, wie und wo genau ich das machen kann.

Antwort

CB450
Hallo L. 72, das ist ja furchtbar!

Du kannst zur Pflegedienstleitung gehen, die gibt es in jedem Krankenhaus. Das ist sozusagen die Oberaufsicht für das Pflegepersonal. Hast du auf der Station, wo dein Opa liegt, schon mal mit jemanden gesprochen? Wenn er schon einen Dekubitus hat, dann ist das ein Zeichen dafür, dass er nicht alle 2 Std. umgelagert/gedreht wird. Vermutlich hat er dann noch mehr Druckgeschwüre am ganzen Körper.

Was du beschreibst, zeugt von extrem schlechter Pflege. Beschwere dich bei der Stationsleitung! Vielleicht kannst du bei den Ärzten Druck machen, aber meistens mischen die sich nicht in die Pflege ein.

Falls du gar nicht weiterkommst, kannst du dich auch an das Gesundheitsamt wenden. Die überprüfen normalerweise die Pflege. Aber dazu solltest du Beweise (Fotos) haben. Schau unbedingt nach, wo er noch wund ist, und mach Fotos von allem, was dir auffällt, am besten zusammen mit einem Lineal oder Maßband, das jemand dranhält, damit man die Größe auch auf den Bildern abschätzen kann. Das sind meistens: Ohren, Schulter, Hüfte, Steißbein, Fersen, eben alle Körperstellen, die großem Druck ausgesetzt sind. Und abklären, in welchem Krankenhaus er den Dekubitus bekommen hat. Vielleicht hat er den ja schon mitgebracht?

Und den Betreuer unterrichten, dafür ist er ja schließlich Betreuer. [24]

Welche Lösung (a, b oder c) passt am besten?
Markieren Sie die Antwort.

19 L. 72

a beschwert sich über Probleme über CB450.
b ist mit dem Termin der OP unzufrieden.
c möchte wissen, bei wem sie sich beschweren kann.

20 Die Probleme

a bestehen schon länger.
b sind seit einigen Tagen zu beobachten.
c treten seit drei Monaten auf.

21 *Schreiben sie eine E-Mail an das Gesundheits-Forum. Setzen Sie dabei alle Punkte Ihrer Teamleitung um.*

Achten Sie darauf, dass Sie dem Gesundheits-Forum gegenüber eine angemessene Sprache verwenden (Anrede, Höflichkeit, formelle Sprache etc.).

---

[24] https://www.gesundheitsfrage.net/g/frage/beschwerde-ueber-pflegepersonal-im-krankenhaus

Lernziele für Basisberufssprachkurse

Im Lernzielkatalog für Spezial- (A2 und B1) und Basisberufssprachkurse (B2 und C1) werden die **Lernziele** für Basisberufssprachkurse unter dem Punkt 57 folgendermaßen formuliert:

Kann relativ spontan und fließend die Beurteilung eines komplexen Zustands/einer komplexeren Handlung formulieren, dabei Begründungen geben, Zusammenhänge herstellen und Gründe für oder gegen Alternativen anführen; dabei ist der Grad an Formalität den Umständen angemessen. Kann in einer klaren, zusammenhängenden Nachricht die Beurteilung eines Zustands/einer Handlung formulieren, dabei Begründungen geben und Zusammenhänge herstellen und Gründe für oder gegen Alternativen anführen; es kommen keine Fehler vor, die zu Missverständnissen führen können.

Kann relativ spontan und fließend das eigene Handeln ausführlich und überzeugend begründen; dabei kommen keine Fehler vor, die zu Missverständnissen führen können; der Grad an Formalität ist den Umständen angemessen. Kann in einer klaren, zusammenhängenden Nachricht das eigene Handeln ausführlich und überzeugend begründen; es kommen keine Fehler vor, die zu Missverständnissen führen können; der Grad an Formalität ist den Umständen angemessen.

Kann relativ spontan und fließend (Nicht-)Machbarkeit ausdrücken und ausführlich und überzeugend begründen; dabei ist der Grad an Formalität den Umständen angemessen. Kann in einer klaren, zusammenhängenden Nachricht (Nicht-)Machbarkeit ausdrücken und ausführlich und überzeugend begründen; es kommen keine Fehler vor, die zu Missverständnissen führen können.

Kann relativ spontan und mit guter Beherrschung der Grammatik Standpunkte und Interessen formulieren und dabei Gründe für oder gegen einen Standpunkt anführen, praktisch ohne den Eindruck zu erwecken, sich in dem, was sie/er sagen möchte, einschränken zu müssen; der Grad an Formalität ist den Umständen angemessen.

Kann relativ spontan und mit guter Beherrschung der Grammatik verhandeln und dabei entscheidende Punkte in angemessener Weise hervorheben und stützende Einzelheiten anführen; dabei ist der Grad an Formalität den Umständen angemessen. (Bärenfänger, Nitsche, & Plassmann, 2019)

Übungssequenz

Transfer	Anwendung
Multiple-Choice	Lückentext
Verb ergänzen	
Memory	

BEI GRIN MACHT SICH IHR WISSEN BEZAHLT

- Wir veröffentlichen Ihre Hausarbeit, Bachelor- und Masterarbeit

- Ihr eigenes eBook und Buch - weltweit in allen wichtigen Shops

- Verdienen Sie an jedem Verkauf

Jetzt bei www.GRIN.com hochladen und kostenlos publizieren